JN079753

ゆたかな財政の活用で
取り戻そう！
私たちの東京

TAKE BACK!

TOKYO

安達智則＋鈴木享子＋野中郁江 編

旬報社

本書のねらいと各章のポイント

　小池百合子東京都知事は、2024年夏に2期目の任期を終え、都知事選挙が行われる。現在の東京都政は、果たして、東京都で暮らし、働き、学んでいる人々のことを考えているのだろうか。未来に暮らす人々のことを考えているのだろうか。

　自治体とは、「住民の福祉の増進を図ることを基本として、地域における行政を自主的かつ総合的に実施する役割を広く担うものとする」（地方自治法第1条の2）とある。私たちが平和で幸せに生活できるよう応援するのが、自治体の役割であるということだ。しかし、もっぱら国や財界が推進する政策の下請け機関の役割を担っているようにみえる。

　東京ガスから汚染されている跡地を高値で買い取り、築地市場の引っ越し先に決めていった石原慎太郎都知事以来の強引なやり方に、築地市場関係者だけでなく都民が憤慨しているなかで、小池は都知事選挙に立候補し、「疑問があれば止まって考える」と約束して当選した。しかしこの公約は守られず、都民は、江戸時代から今日に至る食文化の形成に役割を果たし、観光資源でもあった築地市場を失ったのである。一度、失ったものは戻らない。

　いま同じことが神宮外苑開発でも行われようとしている。神宮外苑がGHQから明治神宮に下げ渡されたときには、すでに東京都によって風致地区に指定されていた。風致地区では15メートル以上の建物を建てることが制限され、地権者となった明治神宮は公園として保持する義務を負ったのである。ところが「環境先進都市」を喧伝しているはずの東京都は、三井不動産がけん引する伊藤忠本社ビル（190メートル）を含む数棟の高層ビル建設を許可し、環境破壊を推進している。これが東京都と巨大企業のいう「SDGs」の正体である。

　小池都政は、どこを向いているのか。外資も含めて財界の利益優先の度が過ぎていないか。自治体行政の目的は、福祉の増進にある。東京で暮らし、働く都民の存在は、ないがしろにされすぎているのではないだろうか。

　本書「ゆたかな財政の活用で取り戻そう！　私たちの東京」は、あらためて

都政のあり様を提起しながら、東京都財政を分析し、その財政力を活用して、都民が希望をつなぐことのできる東京都像の実現に向けて、大きな議論を巻き起こそうとする本である。

東京都財政の分析を踏まえた本書の結論とアピールは、こうである。

東京都には、2022年度末に、5兆円を超える金融資産がある。オリンピックの大盤振る舞い、未曽有のコロナ対策によっても、わずかしか減っていない。この1年間でも2000億円以上、増やしている。自治体は、都民の暮らしの向上のために存在している。ため込まれた豊かな東京都財政を大胆に活用して、東京で暮らし、働き、学び、育っていく人々の生活の向上や営みの支援、災害・パンデミックへの備えに役立てよう。そのために知恵を集めよう、運動をつくりだそう。

各章の内容をかんたんに紹介しよう。

CHAPTER 1　小池東京都政の未来・現在・過去

小池都政は、政府と財界と同じ方向を向いている。このことをいくつかの事実によって示した。国家戦略特区に追随した再開発の支援だけでなく、行政組織も大企業や政府との一体化を進め、警視庁は産業スパイ摘発に動員されている。そして重点政策とされる環境（グリーン）、福祉（ダイバーシティ）、教育（チルドレン・ファースト）、産業振興（Socitey5.0）には、新自由主義と大企業の利益に奉仕する精神が貫かれており、都民の暮らしにとっては冷たいものでしかない。

CHAPTER 2　東京都の財政入門

都財政についての入門として、まず全体を俯瞰する。首都東京には、日本の人口の10分の1以上が集中し、都税収入をはじめとする財源規模が大きい。東京都の財政規模はスウェーデン、オーストリアのような1国並みである。地方交付税も交付されておらず、豊かである。一般会計、特別会計、公営企業会計に加えて、政策連携団体、地方独立行政法人を含めた資産合計は50兆円を超える。都債などの負債を引いた正味財産は37兆円で、8年間で20％も増えている。

CHAPTER 3　小池都政の財政運営──ため込みの検証

普通会計を対象に、主に金融資産のため込み状態をみる。普通会計とは、総

務省が行っている地方財政状況調査の会計区分である。東京都の場合は、一般会計と14の特別会計を含む。東京都の普通会計貸借対照表と総務省のデータ（e-Stat）を使って、金融資産や都債などの在り高、その推移を調べた。結果、2022年末の金融資産残高は5兆を超えており、オリンピック期やコロナ対策期に減少したにも関わらず、高い水準に維持していることがわかった。

CHAPTER 4　決算収支、歳入、歳出の分析——都政はなにをしてきたのか

東京都の歳入と歳出の状況について分析し、東京都が何を重視して財政を運営しているのか、なぜ金融資産が増えてきたのか、について調べた。オリンピック期の普通建設事業費は、例年に比べ約1兆円増えている。コロナ対策費も2020年度の東京の負担は大きかった。しかしその他は抑制基調である。なかでも人件費は一貫して削減・抑制されている。都政の金余り状態ともみえる原因には、職員を増やさない。賃金をあげない。非正規雇用を増やす。さらに業務の委託、指定管理者への丸投げ（民活路線）という人件費削減策が大きい。

CHAPTER 5　地域経済を担う労働者の処遇改善と中小企業の振興——労働者対策費を増やそう

東京都の労働者の現状と東京都が労働者支援に果たすべき積極的な役割を示す。23区内の労働者の所得格差が拡大し、貧困が広がっている。また再開発事業によって都心の職場や住居が失われている。岸田政権がいくら「物価上昇を上回るベースアップ」を強調しようと一部にとどまり、多数の労働者の底上げにはならない。いまや最低賃金1500円の実現は、東京の中小企業振興からみても必要であり、有効な景気浮揚策でもある。東京都は財政を活用して積極的な役割を果たすべきである。委託業者に対する公契約条例の制定や会計年度任用職員などの東京都職員の待遇改善策ほか、労働委員会の意義や充実策を取り上げる。

CHAPTER 6　東京都は大学生・大学に支援を——高等教育の教育充実なくして、未来の東京は語れない

東京の大学へは、地方からの自宅外通学者を含めて約69万人が通学している。

学生を支える家計の苦しさについて、東京私大教連が行っている「私立大学新入生の家計負担調査」を紹介する。原因として、政府の私立大学助成や学生への修学支援の貧困さを指摘した。私大や学生への支援の責任は政府にある。しかし学校給食費無償化が政府の責任であっても市区町村から始まったのと同じように、都政の役割は大きいはずだ。東京で学ぶことを夢にみて上京した若者たちが毎日をアルバイトで生活し、授業にも出られないようでいいのだろうか。東京都で少しずつ始まっている学生支援の取り組みを紹介しながら、対都要求を提案している。

CHAPTER 7　産前・産後の母と子の健康を支えよう

産前・産後支援、母子保健事業について取り上げる。日本の母子保健活動の基本は、敗戦後のWHO世界保健機構憲章、日本国憲法第25条、母子保健法、児童福祉法、児童憲章の「児童は、人として尊ばれる。児童は、社会の一員として重んぜられる。児童は、よい環境のなかで育てられる。すべての児童は、心身ともに、健やかにうまれ、育てられ、その生活を保障される」にある。現在、子どもたちが「いのちの始まりからのしあわせを」享受することは極めて困難となっており、「少子化対策の谷間」となっている。出産現場や助産師教育現場で働いてきた助産歴50年の助産師から問題点を明らかにしている。

CHAPTER 8　「東京ママパパ応援事業」と東京都に対する私たちの要求

産前・産後支援事業である厚生労働省の国民的大運動計画「健やか親子‘21」とこれを具体化している東京都の2021年度「とうきょうママパパ応援事業」について、財政支出分析に取り組んだ。項目ごと、特別区ごとに、支出額を調べ、その結果、この事業がいかに母子のところに届いていないか、本気で運用されていないかを明らかにした。東京都子供政策である「チルドレン・ファースト」を検討し、不十分な点を指摘して、私たちの要望を提案し、対置した。

CHAPTER 9　東京都財政を活用して、国民健康保険の住民負担を減らす

自治体が運営する国民健康保険制度の保険料（税）が「上がりっぱなし」の状態となっている。結果、保険料（税）が払えずに、保険証が留め置きされ、

医療難民となっている。原因は、2018年に都道府県が自治体国保財政権限の責任主体となり、区市町村の保険料アップを事実上、強要してきたことにある。国と都は財政支援を減らす一方で、区市町村が保険料（税）の上げ幅を抑えるために国保特別会計に一般会計から繰入れを行うと、これを「法定外繰入れ」「解消すべき赤字」として介入している。保険料（税）を抑えるための繰入れは、福祉医療財政政策であり、正当である。東京都からの負担を増やし、所得割（応能負担）の考え方に沿って改革するための試算を行ない、「都民の皆保険回復委員会（仮称）」の立ち上げを提唱している。

CHAPTER 10　東京都介護保険事業の現状と改革構想

　介護保険の保険者は原則区市町村であり、介護保険特別会計を運営している。東京都の介護財政は、区市町村と違い、特別会計ではなく、一般会計で対応している。東京都の制度上の位置づけは、保険者・区市町村を「支援」することになっている。41の事業に取り組み、なかでも最大の予算計上（2023年度）は、1560億9882万円の「介護給付費負担金」であり、その金額は年々増えている。「第1号保険料の低所得者軽減強化」、「介護職員宿舎借り上げ」、「人材確保」、「介護の仕事就業促進」など介護保険事業数も多い。東京都が発表した「2023都介護提言」は、高地価、高物価という大都市問題を反映している。残念ながら、区市町村が行っている介護保険料値下げをサポートする補助金はない。

EPILOGUE　日本国憲法と小池都政

　最終章は、日本国憲法からみた小池都政の反立憲主義の性格が述べられる。第25条生存権については、コロナ対策において露呈した保健所の脆弱性について、都政を検証した。保健所の数は激減し人員も減らされてきたが、東京都の対策は、IT化と民間委託による業務の効率性という従来型の対応が中心で、保健所の数と人員を増やす姿勢はない。第9条平和条項については、横田基地で起きているオスプレイ配備、地下水汚染、ミサイル訓練調査費の新規予算計上について取り上げ、政府の戦争準備に協力していることを取り上げた。また政府の「指示権」を拡充する地方自治法改悪の危険性を指摘した。

　本書は、これまで小池都政のあり様からみれば、重点課題としてこなかった

分野、つまりスポイルされてきた分野を取り上げた。労働者や中小業者は、東京都の社会活動と経済活動の中心を担っている人々である。また大学生（及び支える保護者）も、母親と赤ちゃん（及び父親、実家の祖父母、これから母となろうとする若者）も、東京で生き、未来にわたって東京をつくっていく大切な人たちである。東京都は、これらの人々への支援について軽視してきた。

東京都は、政府に追随して、大企業の利益を守っているときは、不動産大手企業や関係者が住民票をもつ「都民」であるかどうかは問わないのに、福祉となるともっぱら住民票を持っている「都民」に限定しようとしてきたのではないだろうか。そこで大学生も労働者も業者も、有権者とそうでない者が混在しているためなのか、事実上、都政の対象から排除されてきた。

労働者や業者の多くは住民票をもっている東京都民であるが、労働者対策予算はほとんどなく、中小企業支援策もわずかである。切実で深刻な問題が山積みされているのに、東京都は「政府に言ってくれ、管轄外」という態度である。有権者であるかどうかには関係なく大企業の利益確保のためには、規制を緩和し、土木工事などを行い奉仕するが、東京都の経済を中心で支えている労働者や中小業者には冷淡なのである。

東京都は、2024年度から都立大学については、特に「生計維持者が都内に在住する学生」に対して授業料を実質無償化した。しかし都立大学生は、東京で学ぶ69万人のうち1万人程度にすぎない。東京都は高等教育費の負担が少子化の原因となっていることを認識しているのであるから、東京都で学ぶ学生全体に対する支援に取り組むべきである。

また本書では、健康保険制度や介護保険制度に対して、東京都の役割、位置は極めて大きいことから高騰一方の国民健康保険料（税）や深刻な介護危機を打開する方向について明らかにしている。

改めて確認するが、東京都には、2022年度末に、5兆円を超える金融資産がある。東京都民の多様な経済的活動の結果として集められてきた財源は、都民の暮らしの向上、学生・労働者・業者支援、子育て支援、医療・介護などのセーフティネットの整備、災害・パンデミックへの備えのために使われてこそ、長く続いている消費不況から抜け出すことができるのではないだろうか。

CHAPTER 1

小池東京都政の未来・現在・過去

1.「総理大臣」への野望はどうなったのか

　政治家・小池百合子は、2016年夏、突然「都民ファースト」を掲げて東京都知事選に立候補し、当選、知事に就任する。ところが都知事に在職しながら、中央政局に関与して、野党の分断をはかり、多数派工作を行い、「総理大臣」をねらっていたのだろう。赤坂、六本木で、自民党幹部との夕食会など日常茶飯事のこととして、報道され続けていた。

　2017年9月25日、安倍首相のもとでの総選挙において、「希望の党」を結党する。小池が主導した「希望の党」結党に参加した国会議員は、「松沢成文（元神奈川県知事）、長島昭久（民主党から自民党へ鞍替え組み）、若狭勝（希望の党結党の中心メンバー）」など、14人であった。その「希望の党」政党理念は、「憲法改正と安全法制である」と小池氏は明言していた。

　日本国憲法第9条改憲と2015年戦争法体制のもとでの防衛力強化が、「希望の党」の結党理念であったことは、忘れてはならないことである。政治家小池百合子がもし総理大臣になったならば、優先して取り組む政治課題は、「憲法改正と防衛力強化」による軍事国家であった。

　「希望の党」は、総選挙獲得議席50にとどまり、自民党以外の保守総連合の連立政権を樹立して自ら総理大臣になるという小池の野望は、果たされることはなかった。その後、2018年「希望の党」は分裂する。分裂後、小池主導の「希望の党」には国政を動かす政治力はない。「希望の党」の政治力は、最低の状態に陥り、やがて消滅することとなった。

　小池の「総理大臣」への夢は、ひとまず破綻した。しかし、政治家小池の野望は消えていない。全国から注目を集める2024東京都知事選挙に出馬する準備の一方で、岸田首相の支持率の低さや高まる自民党体質への国民的批判を横目で見ながら、次期衆議院総選挙の解散時期について、日々、情勢分析を行っていることだろう。再び国会議員に自らなることも含めての情勢分析であるこ

とは、ほぼ間違いない。

▎2. 警視庁は経済安全保障として「産業スパイ摘発」に乗り出した

　東京都知事の特別な位置は、例えば天皇との関係がある。東京都知事が天皇に会うことができることは"公然の機密"かもしれない。その目的は、都知事が天皇に東京都民のくらしや経済など東京の現状について上奏するためだ。天皇に対面できる知事職は、東京都知事だけである。

　さらに天皇家は、特別体制で守られている。皇居内は皇室直属の皇居警察本部（国家機関）が配置され、皇居外の周辺警備は東京都の警視庁の守備範囲である。

　東京都警視庁に課せられた任務は、他の道府県警察より、日本の経済活動円滑化にとって重大である。皇居の周辺警備だけではなく、国会、中央省庁、多国籍企業本社、新聞テレビなどの情報発信セクター、兜町の金融街等、国家の中枢管理機能を守る任務についているからである。

　20年を超える人気テレビ番組「相棒」の登場人物は、東京都職員の設定となっている。「相棒」の警視庁特命係はたったの2人だが、警視庁職員数は4万6501人である（条例職員・2023年度）。東京都職員数は総数16万5431人だから、警視庁は都職員の28％を占める。

　町場の日常生活の犯罪取締りから、大企業本社の警戒まで東京都警視庁の役割は広い。それに加わった新しい仕事は、"産業スパイ摘発"である。

　"産業スパイ摘発"は、経済安全保障体制の一環である。警視庁HPによると「経済安全保障　狙われる日本の技術」は、「サイバー攻撃による技術流出」「スパイ工作による技術流出」「経済・学術活動を通じた技術流出」の3つである。警視庁は、この3つの分野のうち、2023年段階において「スパイ工作による技術流出」を防ぐ活動を本格化させた。

　岸田政権は、安保3文書による「軍事安全保障」体制強化と同レベルで「経済安全保障」体制強化を本格化させている。台湾の半導体企業・TSMCを熊本に数千億円の国費を投入して誘致した半導体の国内生産体制の強化は、その代表的事例である。

　単純化すると、国家安全保障＝日米安保＋経済安保、である。その「経済安全保障」政策の要は、日本の技術を守ることであり、警視庁の「スパイ工作防

止」活動は、「経済安全保障」政策の東京都版と言うこともできよう。

　大企業本社が集中している東京都心区を中心として、警視庁は産業スパイ摘発を行っている。その会社訪問対象は目標2000社ともいわれている。本社に常駐している外国人、特に中国人の動向を見張っている。中国人を「仮想スパイ」と設定して、日本の産業技術が盗まれていないか、企業内部の人物動向を調査しているのである。

　そうした警視庁の「仮想スパイ」摘発活動に対して、財界からは「やりすぎではないか」とのクレームもある。

▌3. セーフシティ、ダイバーシティ、スマートシティの掛け声の中心はなにか

　小池都政の2016年東京都知事選挙カラーはグリーンだった。今で言えば環境問題に取り組む政治姿勢の象徴となるシンボルカラーで登場した。そして世界都市東京が取り組むべき3つの都市政策を強調した。内実は、財界、政府の戦略そのものである。

　3つの都市政策とは、セーフシティ、ダイバーシティ、スマートシティである。

　ダイバーシティの「シティ」は、都市のシティではない。多様性を意味する英語、ダイバーシティの語呂合わせにすぎない。小池都政は、当選4か月後の都議会での所信表明（2016年12月）で次のように話している。

　「『2020年に向けた実行プラン（仮称）』には、安全・安心、元気な『セーフシティ』、誰もが活躍できる『ダイバーシティ』、環境先進都市や国際金融・経済都市の『スマートシティ』の実現に向けた4年間の取り組みを盛り込む。都民の知恵も生かし、オール都庁の英知を結集し、年内にまとめていきます。」

　スマートシティは環境先進都市も謳っているが、国際金融・経済都市の実現を、3つのシティ構想の中心に位置づけていたことに注目しなければならない。国際金融・経済都市の実現に向けて、小池知事が進めた特徴的な事例を次にみてみよう。

▌4. 副知事にヤフー社長の宮坂学を登用し、進めたDX化

　ヤフー社長だった宮坂学が、2019年東京都副知事に就任する。小池知事が宮坂を都政の中心に据えた目的は、都政改革としてのDX推進である。DXは

デジタル・トランスフォメーションの略称である。紙文書で執行されている都庁業務からペーパーレスの都庁業務へと変革していく'デジタル都政'への変貌をDXと略称している。そのDX化は、紙文書に長く慣れてきた都庁職員では難しいと小池知事は判断した。そこでDX企業の代表格であるヤフーの社長経験のある宮坂を副知事に起用したのである。

　宮坂は、副知事に就任して次のような見解を披露している。

「Q：副知事に就任した2019年当時、都庁のデジタル環境は？

宮坂：率直に言うと、原始時代かと思いました。副知事室にはWi－Fiもありませんでした。

Q：最初に取り組んだことは何ですか？

宮坂：庁内をネットにつなげるところから始めました。

Q：質の高いサービスに何が必要だと？

宮坂：デジタルサービスは、世に出た日が一番ポンコツじゃないですか。……民間では当たり前ですが、リリースした後も利用者の声と向き合って改善することを始めました。……デジタルサービスはうなぎのタレと同じだと思うんですよ。うなぎ屋さんのタレって、年月が経つごとによくなりますね。デジタルサービスも出した日から何十年も改善し続けて成長する……」（朝日新聞2023年12月8日）

　「うなぎ屋さん」のように、都庁職員が何十年もかけて業務の改良を重ねていくためには、業務の最前線にいる職員の声を受け止めてデジタルサービスに取り込むことができる自前の専門家が必要である。人事政策の見直しは必須である。3年程度で次々と職場を変わっていくのが都庁職員の現実の姿だからである。

　都庁職場は、民間企業のように何十年も同一職場で研鑽を積み上げるシステムにはなっていない。今の人事政策では、「専門家」は育ちにくい。このままでは、デジタルサービス化によって、都民に分かりやすく効率的な行政サービスに改善されていくことは期待できないだろう。

　また別のインタビューでは、宮坂副知事はDXについて次のように述べている。

「Q：2期目の目標は？

宮坂：質の高いDXだ。紙を見たらすぐ『デジタル化だ』と考えられるようになった。5年前なら窓口や郵送で対応していた業務を当たり前にデジタルでできるようになった。

……今後は『都庁のサービスはどうしちゃったんだ。使いやすいじゃないか』と言われることが目標。まだほとんど言われたことがないので」（日本経済新聞2023年11月7日）

　しかしDX化で都庁のサービスが使いやすくなるかといえば、疑問である。都庁内のペーパーレス化は、ある程度までは進むだろうが、都民全体がDXに適合していくわけではない。宮坂の目標設定は、期待過剰ではないだろうか。

　高齢社会は進む。しかし高齢者は、スマートフォンの所有率がまだ低く、パソコンで都庁の手続をする習慣はない。若い層であれば、DX改革は可能であろうか。それも半々程度であろう。高齢者も含めた都民全員が、宮坂の期待するようには都庁DXに馴染むわけではなかろう。

　小池都政は2023年9月から、国の児童手当増額に先行して、「018（ゼロイチハチ）サポート」と略称する子育て支援策を開始した。18歳まで所得に関係なく、毎月5000円を支給する。その申請手続きをみてみよう。

　手続きは、都庁への申請から始まる。マイナンバーを使い入力する申請方法と紙ベースの申請方法と2つの入り口が用意してある。「018サポート」の申請は、完全DX化ではない。子育ての世代のスマートフォン所有率は高く、「スマフォとタブレットをよく利用している」と回答した20代は97％（総務省『令和3年度情報通信白書』）になる。「018サポート」の申請率は、小池知事の12月15日の記者会見によれば、「約84％」にとどまった。これを高い申請率とみなすか、どうか。アクセスできない層の存在を見逃してはならない。

　宮坂副知事の目指す都庁DX改革は、DX難民を生んでいることを考えなければならない。

▍5. 国家公務員が都庁に常駐、政府との一体化を推進

　都市の規制緩和を促進している「国家戦略特区本部」の国家公務員を東京都

の「国家戦略特区」所管に常駐させたという情報には、驚愕した。

「国家戦略特区」は、都市政策の新自由主義化を推進してきた。「国家戦略特区」政策は、タワービル・マンションを林立させて、神宮外苑や日比谷公園の開発を推進している。「東京の世界都市改造」について、国と東京都の間には、いまや齟齬はなく、情報や戦略決定のタイムラグは生じない。

2023年、都庁の組織改革が行われた。「子供政策連携室」と「スタートアップ・国際金融都市戦略局」が新設された。都市の規制緩和を担当していた都庁内「国家戦略特区」所管は、新設された「スタートアップ・国際金融都市戦略局」に位置づけられた。

では、「スタートアップ・国際金融都市戦略局」に国家公務員は常駐しているのだろうか。都庁の所管に問い合わせをしたところ、内閣府・国家戦略特区からの常駐者が継続しているそうだ。また、一方で都庁から内閣府への出向組もいる。国家公務員が、都庁に常駐していることには変わりはない。

付記しておくと、「地方創生」施策を内閣府が進めていく過程において、金融機関と自治体との人事交流が拡大した。多摩信用金庫の職員が、立川市・日野市役所等に出向して市役所に常駐して仕事をしている。また市役所の職員が、多摩信用金庫に出向して、金融の学習を体験している。地方都市の例をだすと、富山銀行は高岡市に銀行行員を常駐派遣している。

金融機関と自治体との人事交流は、市民の福祉サービス向上を目的とはしていない。地方債の発行の円滑化のためでもない。銀行は、市民の富裕層の情報を入手できるだろう。自治体は、銀行のローンや投資の技術を学び、自治体金融施策に反映させるためである[※1]。

こうして国家戦略特区と地方創生施策は、自治体の組織を「官民一体」型に変容させてきたのであった。

かつて都庁の行政職のプライドは、国家公務員と同等ないしはこれを上回るというものであった。外部からみると、都市政策の中枢に国家公務員が常駐していることは、都庁行政職のプライドが損なわれていくように映る。国家公務員が継続して都庁に常駐することになれば、国の政策と都政政策が合体していき、東京都庁が自律した自治体から、国家の出先機関化へと変貌していくことになるのではないだろうか。

※1：安達智則「第2章　地域金融を動員した地方創生と東京膨張政策の実像―「産・官・学・金・言・労・民・士」の地域総動員体制づくり」『2つの自治体再編戦略』（東京自治問題研究所、2017年）。

▌6. 経団連の唱えるSociety5.0を「丸ごと」推進する小池都政

　中西宏明前経団連会長は、「Society5.0 for SDGs」を最大のスローガンとして、日本の多国籍企業を牽引してきた。日立製作所出身の中西前経団連会長は、日立時代から世界における先端情報技術の立ち後れを取り戻すことなくして日本多国籍企業の復活はないと見ていた。

　そのために、超スマート社会を実現すること（Society5.0）が財界戦略として確立していく[2]。

　「Society5.0」とは、Society1.0が狩猟社会、Society2.0が農耕社会、Society3.0工業社会、Society4.0が情報社会で、その後につづく社会がSociety5.0「超スマート社会」とされるが、目標、理念はあいまいである。人類史的、社会経済史的な裏付けもないようである。

　言えることは、情報の分野における国際競争力において、先進国から水をあけられている財界にとって、多大な独占利潤を得られ、国際競争力を回復できるような新しい先端分野の投資に、日本社会を動員するための強烈なイメージ戦略となっていることだ。

　経団連会長に就任した中西は、記者会見場の後ろの壁に「Society5.0 for SGDs」の宣伝文句を掲げ続けていた。SDGsとは、国連が採択した2030年までに政府や企業に課した17の「持続可能な開発目標」のことである。「貧困をなくそう」、「飢餓をゼロに」、「すべての人に健康と福祉を」、「質の高い教育とみんなに」を始め、グローバルな視点で平和に生きる権利、健康に生存する権利、差別の解消と個人の尊厳、地球温暖化に対する責任など、いわば現代版の世界人権宣言であり、日本国憲法に共通する目標である。SDGsは、経団連が「Society5.0 for SGDs」と宣伝しようとも、軍事力強化と格差・貧困を増大させる新自由主義政策を進めているSociety5.0路線とは相いれるものではない。それが証拠に、17の目標と具体的に結びつけたSociety5.0政策など何も出てこないのである。たとえばジェンダー平等を言うことがあっても、財界は、夫婦別姓やLGBTQ運動、男女賃金格差の解消には冷淡なのである。

　しかし意味不明な「Society5.0 for SDGs」は、いまや日本の支配的イデオロギーとなって、国の地方創生施策から教育課程、大学政策にまで浸透していき、

※2：『Society5.0──人間中心の超スマート社会』（日本経済新聞出版社、2018年）。

人権の尊重を排除する新自由主義と結びついて、猛威をふるっているのである。

　このSociety5.0は、小池都政の重点政策である「スマート東京」（3つのシティの1つスマートシティ）と合致した。そして小池都政は、「Society5.0」推進のための委員会の立ち上げに着手し、2019年、東京都「Society5.0、社会実装モデルのあり方検討会」が動き出した。2019年は、宮坂が、東京都副知事に就任した時期だった。

　2024年2月現在、「Society5.0、社会実装モデルのあり方検討会」の東京側委員は、小池都知事と宮坂都副知事である。デジタル活用（DX）と結合されて、都政では「スマート東京実施戦略」として、動き出した。『スマート東京実施戦略〜東京版Society5.0の実現に向けて〜』（2020年）や最新版『未来の東京戦略 version up 2024』（2024年）において、都政の「DX」と「Society5.0」は、大手を振って推進されていく。

　ここに経団連路線を忠実にフォローする小池都政の姿を見ることができる。スマート東京＝Society5.0東京版＝「産・官・学連携」の代表例と定義することができる。

　小池都政は、財界戦略を丸のみしている。地方自治法第1条の2は、自治体の存在意義について「住民の福祉の増進を図ることを基本とする」と定めているが、「住民福祉の増進」はどこにいってしまったのであろうか。

▍7. 予算規模も担当部署も記載がない「未来の東京戦略」

　2024年1月、東京都は、『未来の東京戦略』をバージョンアップした。前年の1月にも『未来の東京戦略』を改定している。同時に2023年1月、『こども未来アクション』を策定して、チルドレン・ファースト都政をアピールしている。そして同年7月には、それらの推進のために『「未来の東京」の実現に向けた重点政策方針 2023』を打ち出した。2024年1月の『「未来の東京」戦略version up 2024』は、これらを更新したものである。

　どの計画にも共通するのは、財政の規模（財政量または予算額）についての記載がないことである。もう1つ重要なことは、どの部署が掲げられているテーマを推進していくのか、都庁内の主体が明確になっていないことである。例をあげると「チルドレン・ファーストの社会——望む人が安心して子供を生

み育てることができる社会の実現」、「イノベーションの創出・新たな産業構造への転換──スタートアップと金融の力でサステイナブルな都市を実現」、どちらも小池都政の重点施策である。

　グラフとデザイン？イメージ図？とキャッチコピー満載の『未来の東京戦略version up 2024』は、どの戦略を見ても都庁内の組織名を確定することはできない。こうした小池都政の「基本戦略」の提示の仕方は、大きな欠点があることを指摘せざるを得ない。

> ◎「**未来の東京戦略**」の欠点◎
> 〈財政〉財政計画は見当たらない。財政政策なくして、
> 都政の実現性は低い。
> 〈行政〉目標の業務について、どの所管が責任主体になるのか
> 不明確である。不明確であれば、実現性が低い。

▍8. 局の再編がもたらしたこと、めざすこと

　さらに小池都政では、局レベルの組織再編が進行しているために、局間の都庁内連携について継続できるのか、疑問の声がある。

　その典型例は、「福祉保健局」が「福祉局」と「保健医療局」に分割されたことである。地域包括ケアは、医療と介護の恒常的な連携が必要とされる政策構想である。厚労省等国が主導してきた政策体系ではあるが、都庁の組織改革では、医療を所管する保健医療局と福祉を所管する福祉局との2つの局に分断してしまった（図表1）。

　もともと"縦割り行政"を"横割り行政"へ改革することを目的として、「福祉保健局」は旧「衛生局」と「福祉局（民生局）」を統合したのだった。しかし、「福祉局」と「保健医療局」の2つの局組織にしてしまう小池都政の組織改編によって、"縦割り行政"が完全に復活したのである。

　さらに2023年新しい局として「スタートアップ・国際金融都市戦略局」ができた。この新しい「スタートアップ・国際金融都市戦略局」は、30年間、経済のグローバリゼーション競争に敗北した日本資本主義の立て直しのために、

図表 1：都庁組織図

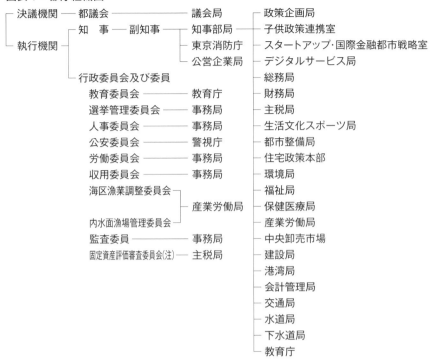

注：通常は市町村税である固定資産税が、都の特別区の区域内では都税とされていることにより、都に置かれている機関である。

若手起業家による〈AI・IT〉分野の担い手を養成していくことが目的とされる。

　これは岸田政権の「新しい資本主義」と同じ政策基調である。「新しい資本主義」のために東京の都市を舞台にした実験場と人づくり支援を都政が協力することに他ならない。

▌9. 東京の緑は減り、タワービル建設ラッシュは続く

　1980年代中曽根「臨調行革」は、国鉄の民営化など、行政のスリム化・市場化を進めた。その1つは、都市の規制を緩めてしまい、日照や樹木などによる良好な生活環境を維持発展させるよりも、高層ビル・マンションの高さ制限

を取っ払い、都市改造で儲けをたくらむ都市資本に開発の自由を与えていくことであった。

それは、山手線内の都市計画の規制緩和で、低層住宅の除去、業務ビル建設の容積率の割増を容認することから始まった。しかし都心開発は、中曽根政権や当時の鈴木都政の思うようには進まず、その結果、副都心開発に重点がおかれたことによって、臨海副都心開発、丸の内・渋谷・新宿・池袋等駅周辺の開発が進み、タワービル建設が進んだ。

2000年代になって、小泉政権は、従来の都市規制緩和をさらに進めて、資本の自由領域を広げていく。小泉の名文句となった「官から民へ」「民でできることは、官は行わない」を想い出す。

その当時、都政は、石原都知事のもとにあった。小泉政権の民営化路線と石原都政の民営化路線は、同じレールを走っていった。都市再開発は、副都心開発から、次第に東京全域に広がっていった。立川駅周辺、府中駅周辺、国分寺駅周辺など、多摩地域も都市開発の大波を受けていく。

さらに、どこでも・いつでも・都市開発ができるように既存の都市ルールから解放するための手段として「国家戦略特区」を2013年に創設する。この国家戦略特区は、ある特定の地域指定を行い、その地域空間は都市資本による開発が自由に行えるように創設された。

では、東京はどのように国家戦略特区が活用されたであろうか。2014年当初は9区（千代田区・中央区・港区・渋谷区・新宿区・文京区・江東区・品川区・大田区）が区域指定を受けた。それが2015年には、東京都全区域へと拡張された。今では、高層ビルの計画を立てて、形式的な国家戦略特区の事業認定および都市計画決定のプロセスをたどれば、タワービル建設は、23区も多摩地区もどこでも建設することができる。東京都は「再開発の天国」といっても言い過ぎではない。

さらに加えて政府の国家戦略特区諮問会議は、2024年6月にデジタル技術の活用の規制緩和として「地域課題解決連携特区」を設立することを決めた（日本経済新聞2023年12月28日）。都市の規制緩和は、DX推進も取り込んで、次々と進んでいく。

国家戦略特区で認定された再開発計画から、最近の事例を見ることにしよう（図表2）。

図表2：国家戦略特区で認定された再開発計画

事業主体	場所	認定日
①豊島区、東京建物株式会社及び株式会社サンケイビル	豊島区庁舎跡地	2016年9月9日
②三菱地所株式会社	大手町（常盤橋地区）	2021年3月25日
③南池袋二丁目C地区市街地再開発組合、住友不動産株式会社、野村不動産株式会社、独立行政法人都市再生機構	南池袋二丁目C地区	2022年3月10日
④三井不動産株式会社	日本橋一丁目1・2番地区	2022年10月28日
⑤京王電鉄株式会社、東日本旅客鉄道株式会社	新宿駅西南口地区	2022年10月28日
⑥京浜急行電鉄株式会社、株式会社西武リアルティソリューションズ、高輪三丁目品川駅前地区市街地再開発準備組合、独立行政法人都市再生機構	品川駅西口地区	2022年10月28日
⑦森ビル株式会社、日本郵便株式会社	虎ノ門・麻布台地区	2023年3月24日
⑧東急株式会社、ヒューリック株式会社	宮益坂地区	2023年10月20日
⑨住友不動産株式会社	八重洲二丁目南地区	2023年10月20日
⑩森ビル株式会社、住友不動産株式会社	六本木五丁目西地区	2024年3月15日

10. 神宮外苑開発で示された小池知事の「反グリーン政策」

　「グリーン」は、小池百合子が最初の知事選挙の時のシンボルカラーである。グリーンの衣装にまとって選挙を戦った小池百合子は、都市の緑を大切にするというイメージ戦術も含めて大勝利をあげた。では、神宮外苑開発に対しての態度は、どうなのか。

　神宮外苑では銀杏が伐採されるだけではなく、周辺には何本ものタワービル建設が予定されている。学生たちが活躍した秩父宮ラグビー場、歴史ある神宮

球場も移し替えられる。神宮外苑は、丸ごと都市再開発に呑み込まれてしまった。

　神宮外苑という都心の緑豊かな公園は、失ったら二度と戻ってはこない。文化人、ミュージシャン、市民の反対の声は広がり続けている。ユネスコの諮問機関「イコモス」の緊急アラートを引き出した。15メートルの建物高さ制限がある風致地区指定公共空間を、私有地と同じような手法で規制をはずし、容積率をかさ上げして、開発業者、地権者、新所有者に利益をもたらす開発をしてもいいのだろうか、という問題でもある。シンボルの1つである4列銀杏は、すでに土壌の劣化により、枯れかけており、開発工事や日陰をつくる建築物によって、生育環境はさらに悪くなる。

　小池知事は、環境アセスメントの手抜きを認めず、工事認可を取り消していない。すでに最新版『未来の東京戦略 version up 2024』掲載の都市開発のマップに、池袋・新宿・渋谷と並んで「神宮外苑」が明記されている（次項参照）。これが小池知事の神宮外苑開発への回答である。小池知事は、「反グリーン政策」を採っている知事である。

▍11. 小池知事が重視していることと都民の願い

　都知事は、都心地域の緑を守る気がないということを多くの都民は知ることになった。神宮外苑の樹木を残すことについて、世論は広がり、都議会で40名の議員連合が形成された。そうした都民世論と都議会世論は、都市の緑を残すことで大きなうねりを起こしている。しかし、小池都政は、神宮外苑を「開発地域」と位置づけ、さらに続けて都立日比谷公園の再開発にも着手している。

　2023年、都政で新設された「スタートアップ・国際金融都市戦略室」は、「新しい資本主義」を担う起業家養成支援の組織である。現在、経営で苦しんでいる中小零細企業の存続のための組織ではない。まして、非正規雇用やパートで生計を立てて、コロナショックを浴び、その後物価高で生活苦に陥っている労働者の生活保障に向けた積極政策は小池都政には皆無である。

　雇用・福祉・教育・環境保全は小池都政の重点政策ではない。小池都政は、グローバリゼーション競争に勝ち抜く「世界都市東京再構築」を目指しているのである。

都市の機能を高め、世界を魅了 7　世界から人とモノが集まり、魅力と活力があふれるまちづくり

成熟都市として一段と質の高い成長を遂げるため、ターミナル駅周辺等における拠点形成や都心部から臨海部のまちづくりに加え、既存ストックを活用し、個性に着目した地域づくりを推進

【主な拠点の将来像・取組】

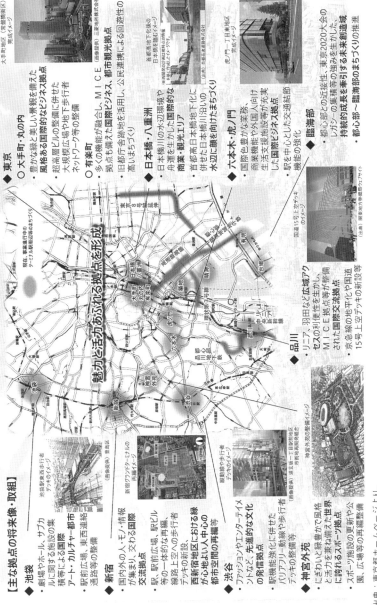

魅力と活力があふれる拠点を形成

◆ 池袋
- 劇場やホール、サブカルに関する施設の集積等による国際アート・カルチャー都市
- 駅前広場、東西連絡通路等の整備

池袋駅東西歩行者
デッキのイメージ

◆ 新宿
- 国内外の人・モノ・情報が集まり、交わる国際交流拠点
- 駅、駅前広場、駅ビル等の一体的な再編、線路上空への歩行者デッキの新設、西新宿地区における歩行者中心の人中心の都市空間の再編等

新宿グランドターミナル
再編イメージ

◆ 渋谷
- ファッションやエンターテイメントなど、先進的な文化の発信拠点
- 駅機能強化に伴せたバリアフリー動線や歩行者デッキの整備等

駅機能やや歩行者
デッキのイメージ

◆ 神宮外苑
- にぎわいと豊かな風格ある魅力を兼ね備えた世界に誇れるスポーツ拠点
- スポーツ施設の更新や公園、広場等の整備整備

神宮外苑の整備イメージ

◆ 東京
○ 大手町・丸の内
- 豊かな緑と美しい景観を備えた風格ある国際的なビジネス拠点
- 超高層ビルの整備に伴せた大規模広場や地下歩行者ネットワーク等の整備

大手町地区（常盤橋街区）完成イメージ
三菱地所株式会社

○ 有楽町
- 多くの機能が融合し、MICE、ビジネス、都市観光等の高い拠点

◆ 日本橋・八重洲
- 日本橋川の水辺環境や舟運を生かした国際的な商業・観光エリア
- 旧都庁舎跡地を活用し、公民連携による回遊性の高いまちづくり

国道15号上空デッキのイメージ

◆ 六本木・虎ノ門
- 国際色豊かな業務、商業機能や外国人向け生活支援施設等が充実した国際ビジネス拠点
- 駅を中心とした交通結節機能の強化

虎ノ門一丁目地区完成イメージ
森ビル株式会社

◆ 臨海部
- 都心部の近接性、東京2020大会のレガシーの集積等の強みを生かした国際交流拠点
- 持続的な成長を牽引する未来創造都市
- 都心部～臨海部のまちづくりの推進

虎ノ門地区の街並みの一体を更新し出る構想のイメージ

◆ 品川
- リニア、羽田など広域アクセスの利便性を生かし、MICE拠点を含む、さらに国際交流拠点
- 京急線の地下化や国道15号上空デッキの新設等

出典：東京都ホームページより。

東京都の財政入門

▌ 1. 東京都の財政規模とは？

（1）財政規模は「1国並み」

　東京都が毎年度公表している「東京都の財政」によると、2022年度の一般会計の予算規模は7兆8010億円であり、一般会計に特別会計と公営企業会計を合わせた都全体の予算規模は、15兆3939億円（単純合計）である。これは「スウェーデンなどの国家予算とほぼ同じ予算規模」だという。翌年度2023年度については、一般会計の予算規模は、8兆410億円となり、一般会計に特別会計と公営企業会計を合わせた都全体の予算規模は、16兆821億円（単純合計）と増加しているが、「オーストリアなどの国家予算とほぼ同じ予算規模」という。

　スウェーデンのほうがオーストリアよりも国家予算が大きいが、円安の影響もあってドル換算による国際比較では、相対的に規模は小さくなっているようである。いずれにしても、東京都の予算規模は、かなりの規模の国に匹敵する。

（2）「不交付団体」となっている都道府県は東京都だけ

　東京都が「国並み」といわれるもう1つの理由は、都道府県のなかで、唯一、地方交付税交付金を国からもらわない「不交付団体」であることである。不交付団体とは、自治体独自の税収だけで運営できる自治体を指している。公共サービスを安定して提供できるだけの税収があるため、国から地方交付税を交付する必要がないとされている。

　不交付団体となっている市町村は、72市町村（2022年度）である。東京23特別区は不交付であるが、72自治体には含まれない。23区の間での財政力の格差に対しては、東京都から調整金を交付されている。東京都では、立川市、武蔵野市、三鷹市、府中市、昭島市、調布市、小金井市、国分寺市、国立市、多摩市、瑞穂町の11市町村が不交付団体である。北海道の泊村、青森の六ケ

所村、福島の大熊町、茨木の東海村、新潟県の刈羽村、福井県の美浜町、高浜町、佐賀県の玄海町と、原発が立地されている自治体が多く含まれている。

（3）一般会計、特別会計、公営企業会計だけではない

　2023年度の一般会計の予算規模は8兆410億円、特別会計と公営企業会計を合わせた都全体の予算規模は16兆821億円（単純合計）というが、広い意味で、東京都の財政といえるのは、これだけではない。東京都が出資をしている「政策連携団体」と呼んでいるグループがある。運営費や施設費を交付している地方独立行政法人もある。東京都は、これらを含めて、「全体財務諸表」という計算書を作成、公表している。この考えに従って、東京都財政全体を整理すると次のようになる。

〈一般会計〉
〈特別会計〉（17の特別会計のうち14の特別会計と一般会計を合わせて「普通会計」という※1）
①普通会計に入る14の特別会計
　　特別区財政調整会計、地方消費税清算会計、小笠原諸島生活再建資金会計、母子父子福祉貸付資金会計、新進障害者扶養年金会計、地方独立行政法人東京都立病院機構貸付等事業会計、中小企業設備導入等資金会計、林業・木材産業改善資金助成会計、沿岸漁業改善資金助成会計、都営住宅等事業会計、都市開発資金会計、用地会計、公債費会計、臨海都市基盤整備事業会計
②普通会計に入らない3の特別会計
　　国民健康保険事業会計、と場会計、都営住宅等保証金会計
〈公営企業会計〉（10会計）
　　中央卸売市場会計、都市再開発事業会計、臨海地域開発事業会計、港湾事業会計、交通事業会計、高速電車事業会計、電気事業会計、水道事業会計、工業用水道事業会計、下水道事業会計
〈政策連携団体〉（32団体）
　　東京都が出資又は出えんを行っている団体及び継続的な財政支出、人的支

※1：普通会計とは、総務省が行っている地方財政状況調査において決められている統一的な計算の範囲のことである。一般会計や特別会計の範囲、設定の仕方は、自治体ごとに異なっている。そこで自治体間の比較ができるように、総務省は、統一的な「普通会計」を設定し、「地方財政状況調査表作成要領」に基づいて、90を越える数の表の作成と提出を求めている。

援などを行っている団体のうち、全庁的に指導監督を行う必要がある団体とされている。

①公益法人等（23法人）（公財）：公益財団法人、（一財）：一般財団法人、（社福）：社会福祉法人

（公財）東京都人権啓発センター、（公財）東京都島しょ振興公社、（公財）東京税務協会、（公財）東京都歴史文化財団、（公財）東京都交響楽団、（一財）東京都つながり創生財団、（公財）東京都スポーツ文化事業団、（一財）東京マラソン財団、（公財）東京都都市づくり公社、東京都住宅供給公社、（公財）東京都環境公社、（公財）東京都福祉保健財団、（公財）東京都医学総合研究所、（社福）東京都社会福祉事業団、（公財）東京都中小企業振興公社、（公財）東京しごと財団、（公財）東京都農林水産振興財団、（公財）東京観光財団、（公財）東京動物園協会、（公財）東京都公園協会、（公財）東京都道路整備保全公社、（公財）東京学校支援機構、（公財）東京防災救急協会

②株式会社（9社　（）内は持分割合）

東京スタジアム（36.3％）、多摩都市モノレール（79.9％）、東京臨海高速鉄道（91.3％）、多摩ニュータウン開発センター（51.2％）、東京国際フォーラム（51.0％）、東京臨海ホールディングス（85.1％）、東京交通サービス（100％）、東京水道（80.4％）、東京都下水道サービス（50.0％）

〈地方独立行政法人〉（4法人）

東京都公立大学法人、地方独立行政法人東京都立産業技術研究センター、地方独立行政法人東京都健康長寿医療センター、地方独立行政法人東京都立病院機構[※2]

▎2. 自治体財政の見方

（1）財政はフローとストックの2面から見る

　財政全体を理解するには、収支（フロー、変化）と持っている財産（ストック、蓄積）という二つの面から見ることが必要である。これは政府だろうと自治体であろうと、企業だろうと財団、大学であろうと、暮らしを営む単位である家計であろうとも、自律している組織であれば同じことがいえる。

※2：東京都立病院機構は、2022年7月に旧東京都立病院（8病院）と、旧東京都保健医療公社の病院（6病院・東京都がん検診センター）の運営主体を統合し、地方独立行政法人化され、設立された。地方独立化による統合については、効率性、採算性を重視するあまり、東京都が担うべき公共的な役割が後退するとの懸念が出され、反対運動が展開された。

1年間の収支は、収入が支出を超過していれば黒字、支出が超過していれば赤字である。自治体と企業とでは、収支の測定の仕方が違っている。官庁会計と企業会計の違いである。このことは東京都の全体財務諸表の箇所で改めて説明する。いずれにしても財政の見方の1つ目は、1年間の収入、支出、フローを見ることである。

　財政についての2つ目の見方は、資産や負債のあり高（ストック、蓄積）を見ることである。資産や負債の金額や変化をみることである。

　資産には、お金（金融資産）、モノ（不動産、動産）、権利（貸付金、出資金、特許権）などがある。資産の金額については、時価評価や権利の回収可能性の見積もり（貸倒引当金の設定）などを行う場合もある。負債には、借り入れや未払いなどがある。

　資産の合計から負債の合計を引き算して、正味財産（純財産、純資産、自己資本などの呼び名がある）の額を計算することになる。

　資産の合計額—負債の合計額＝正味財産

　このような考え方は、個人の相続財産額を計算するときにも行われる。正味財産の額が、自治体が保有している財産の純額であり、住民が過去に負担した税金によって形成された財産額である。正味財産が大きければ「財産持ちの自治体だ」ということになる。

　資産を左側に並べ、負債と正味財産を右側に並べた一覧表が貸借対照表である。左側の資産の合計額と右側の負債、正味財産の合計額は、一致する。

貸借対照表

資　産	負　債
（金融資産）	正味財産
（不動産・動産）	
（権利）	

　フローとストックの関係は、フローの計算の仕方が違うので、官庁会計と企業会計では異なる。貸借対照表は、官庁会計であろうと企業会計であろうと、期末にもっている資産と負債、差額である正味財産の一覧表であるから、基本的な違いはない。

（2）官庁会計と企業会計の違いと東京都の全体財務諸表

　東京都の財政が及ぶ範囲は、広い。一般会計、特別会計、公営企業、政策連携団体、地方独立行政法人に及んでいる。東京都は、これらを含んだ全体財務諸表を作成し、財務報告書に公表している。

　東京都全体の収支（フロー）をみようとするとき、一般会計と特別会計は官庁会計であり、その他は企業会計に近い会計であるため、比較することができない。並べて比較するためには、一般会計と特別会計を企業会計に近いものに組み替える必要がある。そのため東京都では、「行政コスト計算書」を作成している。

　官庁会計は、1年間のお金の出入り、収入（歳入）と支出（歳出）の予算を立てて、これを執行したのが決算であり、現金の収支をとらえることが計算の基本である。収入には、借入れをした額、積立金（預金）をおろした額、前年度から繰り越した額、他の会計から繰り入れた額を含んでいる。支出には、建設事業や不動産購入への支出額、借入を返した金額、積立金（預金）を増やした額、他の会計へ移した金額を含んである

　ところが企業の会計には、上記あげた項目を含んでいない。企業会計のフロー計算は、ある期間について利益を計算するための損益計算であるからである。利益を計算するためには、利益に関係する収入（収益という）、利益に関係する支出（費用という）だけを集めることになる。企業では、買い入れた固定資産額は資産となり、支出（費用）にはしない。その後、少しずつ減価償却費という費用を計上して、損益計算に含まれていくのである。

　これらの事情から、官庁会計の収入、支出額よりも企業会計の収益、費用の額のほうが、かなり小さくなることに注意する必要がある。東京都の全体財務

図表1：全体財務諸表から収入（収益）の合算（2022年度）（億円）

	普通会計 A	その他の特別会計（3）B	一般会計と特別会計（A+B）	公営企業会計（10）C		公益財団法人等（21）D	
行政収入	78,408	9,939	88,347	営業収益	8,273	経常収益	1,889
金融収入	125	0	125	営業外収益	1,268	経常外収益	13
合　計	78,533	9,939	88,472		9,541		1,902

出典：「令和4年度　東京都年次財務報告書」より著者作成。

諸表では、すべての会計をある程度、統一して比較することができるように、一般会計、特別会計について、官庁会計ではなく、企業会計に近い行政コスト計算書という計算書を作って、ほかの会計と並べている。

　『東京都年次財務報告書』では、普通会計財務諸表と全体財務諸表の2つの範囲の財務諸表が公表されている。

▎3. 東京都の全体財務諸表の分析

（1）収入の合算

　ここでは、東京都の全体財務諸表を用いて、一般会計、特別会計、公営企業会計、公益財団法人等、社会福祉法人、地方公社、株式会社、独立行政法人ごとの主たる収入の規模と全体に対する構成比を示すための合算表を作成してみた（2022年度）（図表1）。金融収入にあたる収入までを加算し、経常的な項目にとどめた。

　この東京都の全体財務諸表は、一般会計と特別会計の金額は、企業会計の考え方に近づけた「行政コスト計算書」に基づいている。一般会計と特別会計の合計金額（A＋B）と公営企業（C）の単純合計は、9兆8013億円である。2022年度について、官庁会計では「一般会計に特別会計と公営企業会計を合わせた都全体の予算規模は、15兆3939億円（単純合計）」であるが、官庁会計よりも企業会計のほうが収入規模が小さくなる。

　全体財務諸表に基づく収入（収益）の合算では、10兆4957億円である。

　収入（収益）の構成をグラフにしてみた（図表2）。一般会計、特別会計、公営企業会計の合計は、全体の93％を占めていることがわかる。

	社会福祉法人（1） E		地方公社（1） F		株式会社（9） G		独立行政法人（4） H		東京都全体計 ABCDEFGH
サービス活動 収益		111	営業収益	722	営業収益	1,603	事業収入	2,524	103,469
サービス活動 収益活動外収益		0	営業外 収益	0	営業外 収益	6	事業外 収入	76	1,488
		111		722		1,609		2,600	104,957

図表２：収入（収益）の構成（億円）

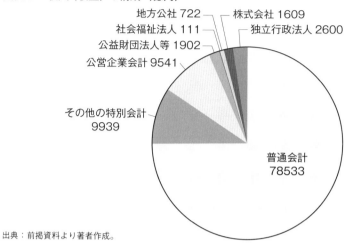

出典：前掲資料より著者作成。

（2）収支差額の状態

　収支差額については、企業会計の利益に近いとはいえ、事業形態が異なり、会計の仕方は異なる。相互の重複の相殺消去もしていないので、集計はできない。

　一般会計、特別会計、公営企業、政策連携団体、地方独立行政法人ごとの利益にあたる収支の差額合計は、普通会計に含まれていない３特別会計の赤字1119億円を除いて、どのグループも黒字である（図表３）。

　普通会計の収支差額は5190億円と巨額である。この額は、官庁会計による普通会計の「歳入―歳出の差額」5667億円よりも小さい（2022年度）。３つの特別会計は、一般会計からの繰入金が899億円あり、当期繰越収支差額の赤字は、220億円に減少している。

図表３：各会計の収支差額（利益）（2022年度）（億円）

普通会計	その他の特別会計（3）	公営企業会計（10）	公益財団法人等（21）	社会福祉法人（1）	地方公社（1）	株式会社（9）	独立行政法人（4）
当期収支差額	当期収支差額	当期純利益	当期一般正味財産増減額	当期活動増減差額	当期利益	当期純利益	当期収支差額
5,190	△ 1,119	159	24	2	72	55	101

出典：前掲資料より著者作成。

いうまでもなく、自治体は非営利である。利益に当たる収支差額が経常的に黒字である場合は、重税である、利用者負担が大きい、あるいは住民サービスが低下していることになる。赤字であることが当然である特別会計などもありえる。黒字が積み上がれば積み上がるほど良い、というような営利会計のような見方をしてはならない。

（3）財産の状態は、貸借対照表から

5つのグループを合計した貸借対照表によると、2022年度末の資産（財産）の合計額は、50兆1946億円、負債の合計額は13兆5073億円、引き算をした正味財産の合計額は36兆6873である（図表4）。東京都は50兆円の財産をもち、管理している。資産のうち土地は、時価評価をしていないはずなので、土地は相当の含みを持っているはずである。

このうち、一般会計、特別会計、公営企業会計は、資産合計が49兆5567億円で、全体に占める割合は98.7％である。負債合計は11兆7567億円で、全体に占める割合は87％である。

8年前の2014年度末の資産合計は46兆4396億円、負債の合計は15兆6003

図表4：東京都の全体貸借対照表（2022年度）（億円）

流動資産	40,637	流動負債	14,828
現金・預金 その他の流動資産	22,636 18,000	固定負債	98,565
固定資産	461,309	長期借入金 その他の固定負債	79,150 19,415
有形固定資産 無形固定資産 投資等	394,572 2,026 64,710	繰延収益	21,679
		負債合計	135,073
繰延資産	0	正味財産	366,873
資産合計	501,946	負債・正味財産合計	501,946

出典：前掲資料より著者作成。

億円、正味財産の合計は30兆8392億円であった。8年間に資産が3兆7550億円増えて、負債が2兆930億円減って、正味財産が5兆8481億円増えたことがわかる。正味財産の伸び率は、20％である。8年間で、急激に正味財産を増やしてきたことがわかる。この資金源は、それぞれの事業グループで、収支差額（利益）が生じたことである。

　東京都財政の全体は、正味財産を20％も増やすほどに、収支差額（利益）を上げてきた。財政としては健全、余裕があるといえるが、健全や余裕も程度を越えれば、都民の生活向上に財政が使われなかったのではないか、単に財産をため込んできただけではないのか、という評価、検証をしなければならないのである。

▎4. 普通会計を対象とした財政分析へ

　では、小池都政の財政運営の検証に話を進めよう。小池都政がどこを向いて行われていたのか、だれのための都政だったのかの検証である。特に、東京都財政が、都民に顔を向ける都政へ変わったとしたら、なにができるのかという要求実現のための財源について注目した。

　財政の中心である一般会計や特別会計（3つの特別会計を除く）を集計した「普通会計」の分析をする。除外されている3つの特別会計には国民健康保険事業会計が含まれており、公営企業、政策連携団体、地方独立行政法人も、小池都政の財政運営のあり様として検証する必要がある。特に効率性の追求や新自由主義的な運営、公共性の放棄については、取り上げられなければならない課題であるが、別の機会にゆずることとする。

　普通会計とは、自治体ごとに一般会計と特別会計の範囲がさまざまであることから、これを統一させるために総務省が設定した「人為的」な会計である。総務省は、毎年、地方財政状況調査を行い、この結果を公表している。

　政府統計の総合窓口（e-Stat）には、2022年度までのデータがある。うち2017年度まではデータベースの形になっており、古いものでは1989年度からの歴年推移がわかる[※3]。残念ながら2018年度から2022年度はエクセルデータであるが、慣れてくれば、削除キーを連発しながら、東京都の関連データを取り出すことができる。

※3：武田公子著『データベースで読み解く自治体財政』（自治体研究社、2018年）は、初めてe-Statを使って
　　自治体の財政分析を行う者にとって、最良のテキストである。

また東京都の場合は、普通会計についてのデータを『決算の状況』として公表しているので、これを集めてくることもできる。ただしPDF文書なので、数値を転記しにくい。また今回、実質収支差額を計算する要素である「次年度に繰り越す金額」が総務省と東京都のデータとに極めて大きな違いがあることがわかった。実質収支差額やこれを元にして算定する実質収支差額比率は、重要な指標とされているので、信頼性について大きな疑問符がつくこととなった。

　いくつかの年度がでてくる。それぞれ次の知事の任期に対応している。

1999年度 − 2011年度　　石原慎太郎
2012年度 − 2015年度　　石原慎太郎、猪瀬直樹、舛添要一
2016年度 − 2020年度　　小池百合子
2021年度 − 2022年度　　小池百合子

　なお第3章、第4章の図表は、特に断りがなければ東京都に関するデータであり、出典は総務省・地方財政状況調査（政府統計の総合窓口（e-Stat））であり、著者が加工して作成したものである。東京都公表の資料を使った場合は、資料名を付した。

　普通会計についての財政分析は、2つの章にわかれている。第3章では、ストックの分析として普通会計の貸借対照表を用いた分析から始め、資産と負債の全体像を把握した。ここでは4兆2223億円の基金と現金・預金5908億円、有価証券2389億円、合計5兆520億円という金融資産の金額の大きさに注目してほしい。続いて基金、地方債（都債）、貸出金、投資・出資金などの資産と負債の歴年推移を中心に、解説をした。結論は都民の生活改善に活用できる約5兆円という巨額な財源があるということである。

　第4章では、フローの分析として、まず決算収支、それから歳入、歳出の歴年推移を分析する。決算収支では、毎年度多額の黒字決算となっていること、歳入・歳出の差額は拡大しており、実質収支差額比率も経常収支比率も、都道府県のなかでダントツトップが続いていることを紹介した。歳入では税収のみならず、繰越金、繰入金、諸収入の金額が大きく、都債収入がわずかであるこ

とを見てほしい。歳出ではオリンピック期の普通建設事業費の増額、コロナ期の商工費、衛生費の増額を除くと、暮らしに関わる目的別経費が停滞していること、性質別経費では人件費の減少が著しいことが顕著な特徴であった。これらから小池都政が人件費を削減し、増やさないことを利用しながら、都民の生活充実よりも、基金のため込みに傾注してきたことを明らかにする[4]。

※4：第3章、第4章の初出論文は、野中郁江著「小池都政の検証と要求実現のための財源の試算」（『経済』339号、2023年12月、新日本出版社）。

小池都政の財政運営——ため込みの検証

▌ 1. 自治体財政のあり様を示す貸借対照表

　自治体財政のストックを示すのは貸借対照表である。自治体の貸借対照表を資金の使い道（資産）とその財源（負債、純財産）との関係でみるとどうなっているのだろうか。

　資産として金融資産を多額に保有しているとしても、負債の地方債（都債）の存在は気になるところであろう。しかし金融資産の額と地方債（都債）とを直接関連づけて考える必要はない。ポイントは、地方債はどのような使途に対して発行するものなのかに注目することである。総務省のホームページに地方債について以下の説明がある（https://www.soumu.go.jp/main_sosiki/c-zaisei/chihosai/chihosai_a.html）。

　「地方債」とは「地方公共団体が１会計年度を超えて行う借入れ」をいいます。
　地方公共団体は様々な行政サービスを提供していますが、地方公共団体の歳入・歳出における地方債の位置づけのイメージは、次のとおりです。
　地方公共団体の歳入・歳出における地方債の位置づけ
　※地方債は、原則として投資的経費（建設事業関係の経費）の一定部分に充てられます。

歳　入	歳　出	
地方税	給与関係経費	
	一般行政経費	
地方交付税	公債費	地方債の新規発行額
国庫支出金	投資的経費	
地方債		
その他の歳入	その他の歳出	

地方債の新規発行額

地方債は、投資的経費、すなわち建設事業による財産形成をするにあたって、発行することが原則である。たとえば住民にとって必要な施設があるが財源が不足している。その施設の使用効果は将来の住民に及ぶのであるから、将来の住民が負担することとなる地方債を発行するには正当性があるのである。

そうであるから、地方債の現在高は、固定資産の額の一部に充当されていると考えることができる。この考えで、自治体の貸借対照表を資産（使い道）と負債・正味財産（資金調達）との基本的なしくみを示すと以下のとおりとなる（図表1）。

図表1：自治体の貸借対照表しくみ

現金預金・基金積立金	100	正味財産①	100
固定資産	800	地方債	300
		正味財産②	600
出資金・貸付金	100		
資産の合計	1000	負債と正味財産の合計	1000

出典：著者作成。

歳入と歳出の時期はずれるため、ある程度の現金預金（繰越金）は運転資金として必要である。また1年間の歳入では不足するような、すでに明らかになっている将来への準備として基金積立金は、地方債ではなく、自前の資金（正味財産）でもつのが良い。たとえばオリンピック・パラリンピックの準備は目的が明確である。一方、天変地異のような事柄への備えは自治体ではなく、政府の責任である。そうなると自ずと必要な基金積立金の金額は明確になる。

自前の資金（正味財産）では足りなかった固定資産取得の資金は、地方債で手当する。普通会計の外にある事業や他の自治体への投資・貸付は、自前の資金（正味財産）が望ましい。地方債の発行によって、地域振興公社などが行う建設工事に融資した自治体が財政困難に陥る例があったが、普通会計から見えない他の会計への融資は、自前の範囲にとどめるという考え方が、健全かつ安定した資金繰りである。

2022年度の東京都の普通会計の貸借対照表をこうした資金繰りの考えで、

分類しなおしてみよう（『東京都年次財務報告書　令和4年度』）。資産をお金（基金積立金、現金・預金、有価証券）、モノ（固定資産）、権利（貸付金、投資・出資金）に分類し直し、負債は地方債（都債）とその他に分けると、次のものとなる（図表2）。

図表2：東京都の普通会計・貸借対照表（2022年度）（億円）

現金預金	5,908	地方債以外の負債	10,938
基金積立金	42,223	正味財産①	40,260
その他流動資産	678		
有価証券（固定資産）	2,389		
固定資産（行政財産・インフラ資産など）	261,295	地方債	54,249
出資金・貸付金など	50,538	正味財産②	257,585
資産の合計	363,031	負債と正味財産の合計	363,032

出典：「東京都年次財務報告書　令和4年度」より著者作成。

　1兆938億円と金額が大きい「地方債以外の負債」について先に説明しておく。ほとんどが退職給与引当金である。すべての東京都職員が年度末に退職した場合の退職金額（自己都合）が載っている。すべての職員が退職するという前提は、財政破綻に直面した自治体が全員解雇して再雇用する場合以外は、非現実的である。退職給与引当金は、将来に対する債務を表示しているにすぎず、具体的な金額の資金を準備する必要はない。次年度の退職者に対する支払いを予算計上すればよいのである。

　さて現金預金5908億円、基金積立金4兆2223億円、有価証券2389億円という金融資産の合計は5兆520億円にのぼっている。果たして必要かどうかである。将来の歳出は将来の歳入によって、充当されればいいのであるから、5兆円を超える金融資産は「運転資金、必要な基金積立金」という保有目的をはるかに越えているのではないだろうか。オリパラの準備と開催（2018-2021年度）やコロナ対策で一時的な支出（2020-2021年度）が増えた後でも、こ

れだけの金融資産を貯め込んでいることが、大げさにいえば許されるのだろうか。お金をため込みを続けてきた実態を私たち都民は直視する必要がある。

　地方債は、5兆4249億円である。この額についてはどのようにみればいいのだろうか。地方債は、固定資産取得のために発行されるものであるから、直接、金融資産合計約5兆円と関係づけることは適切ではないが、たとえば基金積立金のうち3兆円を積まないで、普通建設事業費に充てていれば、地方債は2兆4249億円となっていたことはいえる。

　なお基金積立金については、以下に推移をみるが、現金預金は2013年度には、2582億円であった。9年間で、3326億円増えている。当年度の歳入歳出差引がそれぞれ2529億円、5667億円の増加3138億円と連動している。有価証券は、2017年度から貸借対照表の固定資産に登場している。金額はあまり変わらない。

　固定資産は、概して増えていく。というのは普通建設事業が毎年度、少なくとも8000億円の規模で行われているからである。建設工事や土地の取得金額は、その後売却されなければ固定資産として増えていくことになる。貸借対照表の固定資産のうち、土地をのぞくほとんどは、減価償却によって減額されているのであるが、年度の取得額が減価償却額を上回っていれば増えていく。

　東京都は、一般会計、特別会計のほかに公営企業をはじめ多くのグループ事業体がある。これら以外も含めて、普通会計からの貸出金、投資・出資金は大きい。2022年度は5兆538億円をと地方債の額に近い金額となっている。

　以下では、総務省のデータを用いて、基金積立金、地方債、貸出金、投資・出資金の順に、歴年推移をみる。

▌2. 基金積立金は総額4兆2224億円に達した

（1）基金積立金は4種類

　東京都の年次財務報告書の4種類の基金積立金と総務省データの金額とは一致している。2011年度以降の4種類の基金積立金の推移は、図表3の通りである。2010以前については、総務書データからは減債基金の現在高がわからないので、4種類の基金積立金がそろう2011年度以降とした。

　2011年度の3兆1157億円から2017年度は過去最高の4兆5617億円となっ

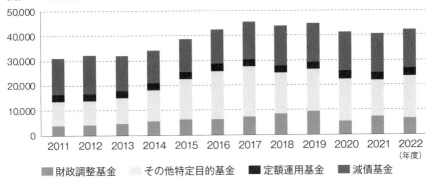

図表3：基金積立金の推移　（億円）

凡例：■ 財政調整基金　　その他特定目的基金　■ 定額運用基金　■ 減債基金

た。6年間で1兆4500億円、1年間で平均2400億円増えている。2018年度、2019年度のオリパラ準備期、2020年度、2021年度のコロナ対策期に減少したが、減少した金額は5138億円である。2022年度は4兆2224億円と1745億円の増勢に転じている。

　次章でみるが、税収増と経費抑制傾向が続いており、オリンピックとコロナという、滅多には生じない資金需要によっても4年間で5138億円しか基金積立金が減らなかったことに留意するべきである。

　4種類の基金積立金は、財政調整基金、その他の特定目的基金、定額運用基金、減債基金である。それぞれについて、推移を調べたが、総務省データでは、財政調整基金とその他特定目的基金を積立基金と呼び、定額運用基金と合わせて基金と呼んでいる。ところが減債基金は、後述するように、他の3種類の基金とは異なる扱いになっている。

（2）財政調整基金の推移

　減債基金を除く3種類の基金は、2011年度以前にまでさかのぼることができる。財政調整基金とその他特定目的基金については、1999年度からを作成した（図表4）。遡ると変化の大きさがよくわかる。

　財政調整基金は、年度の剰余金（「歳入額―歳出額」を基本）から積み立てられてきた。1999年度の財政調整基金はわずか15億円である。その後2004年度までがせいぜい2000億円程度にとどまっていた。石原都政（1999-2012）

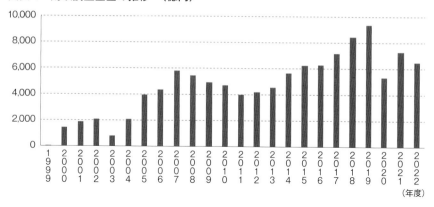

図表4：財政調整基金の推移 （億円）

のもとで進められた人件費減らしによる「財政再建」[※1]のもとで、基金は増加していったことがわかる。2007年度には5807億円となった。その後、2011年度末には3986億円に減少したものの、2019年度末には9345億円と過去最高となった。1999年度から毎年平均すると518億円増えていったことになる。

　2020年度には、コロナ対策費への対応で、9345億円から5327億円に減少したが、2021年度には7272億円、2022年度には6498億円となっている[※2]。

　財政調整基金は、「臨時の資金不足に対応するため」の基金であり、使途はさだまっていないし、上限額も決まっていない。東京都は「コロナ対策費が必要となり、多額の財政調整基金を積んできた正当性がはっきりした」などという趣旨のことを述べている（『年次財務報告書』令和3年度、19頁）が、いかがなものだろうか。4種類の積立基金全体でみれば、コロナ対策の2020年度に、2019年度期末の4兆4746億円から2020年度期末に4兆1197億円となり、3549億円減少しているが、基金全体のわずか8％が使われたにすぎないのである。

（3）その他の特定目的基金の推移

　その他特定目的基金も、財政調整基金とほぼ同じような増減の経過となっている（図表5）。1999年度には2821億円、2004年度は1220億円にすぎなかっ

※1：19998年度1兆8158億円であった人件費は、2012年度には1兆4682億円にまで減った。
※2：コロナ対策費は、2020年度には1兆7406億円が支出された。このうち都財政からの支出は、9508億円、全体の55％である。9508億円の財源は、財政調整基金の4721億円取り崩し（その後オリパラ基金が使われずに残っていたので2510億円程度補填）、地方債の発行2817億円、一般財源から1970億円によって手当

た。図のメモリの金額が違うことからわかるように、最大となった2017年度は、2兆391億円と財政調整基金の2倍以上である。なお財政調整基金が減った2020年度はむしろ増えている。

図表5：その他特定目的基金の推移　（億円）

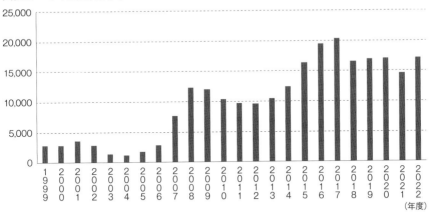

2022年度期末におけるその他特定目的基金のうち、500億円を超えるものは、年次財務報告書によれば、以下の通りである。

> 東京強靱化推進基金 3000億円
> 福祉先進都市実現基金 2948億円
> 社会資本等整備基金 5021億円
> 鉄道新線建設等準備基金 840億円
> 新築建築物再生可能エネルギー設備設置等推進基金 1500億円
> 東京2020大会レガシー基金 1488億円

その他特定目的基金は、さまざまな名称が付してあるが抽象的であることが特徴だ。それぞれの設定は規則で定められているが、いつ、いくらが必要かは明記されておらず、基金は、年度の予算に計上されなければ取り崩さなくともよい。積立金額の根拠もよくわからない。その他特定目的基金は、全体として、単なる貯金となっているようにみえる。

てした。2021年度のコロナ感染対策費用は2兆5628億円と増加した。政府負担が増え、東京都の負担割合16%となり、都財政からの支出は4217億円に激減した。財源は、主に一般財源から手当てした（『年次財務報告書』令和3年度）。

基金のなかで、目的と取り崩し時期がわかりやすかったはずの東京オリンピック・パラリンピック開催準備基金（以下、オリパラ基金）についてみてみよう。オリンピック招致を決めたのが2005年、開催決定が2013年度である。オリパラ基金は、2006年度から1000億円ずつ積み立てられ、2009年度以降、4000億円程度がプールされていた。

　2014年度以降の同基金の現在高の推移は、グラフのとおり（図表6）（金額は各年度の「東京都年次財務報告書」）。2017年度、2018年度には5000億円を超えたが、2019年度には2000億円が取り崩され、3075億円に減少した。開催が延期になったためか、2020年度末には4290億円に積み増されているが、2021年度に2510億円取り崩されている。注目は、この2021年度の取り崩しの使途である。2020年度のコロナ対策費を補填するために、出納整理期間中に取り崩されたものであった。積立基金は、目的外の取り崩しも可能で、融通が利くのである。2022年度には、東京2020大会レガシー基金と名前を変えて、現在高は1488億円である。

図表6：東京オリンピック・パラリンピック開催準備基金の推移　（億円）

出典：東京都年次財務報告書より著者作成。

（4）定額運用基金の推移

　定額運用基金とは、「定額の資金を運用するための基金」（地方自治法第241条）であり、ある目的のために取り崩すのではなく、元本を維持して運用すること自体が目的である。金利の高かった1990年前後には、7000億円近くもっていたが、金利低下のなかで、1994年度、2000年度に激減している（図表7）。

その後は安定して3000億円程度を保有していることがわかる。

図表7：定額運用基金の推移　（億円）

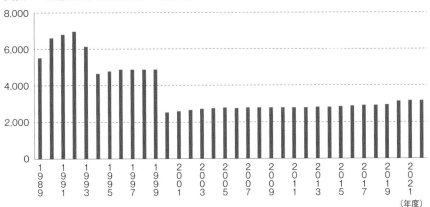

（5）基金の積み立て方、取り崩し方

　ここまで4種類の基金のうち3種類、財政調整基金、その他特定目的基金、定額運用基金について、調べてきた。これらの基金を積み立てたり、取り崩したりするときに、どのような歳入、歳出項目となるかを次章（第4章）のためにも確認しておこう。基金を取り崩して、一般会計などに入れるときは、「繰入金」という歳入項目となる。基金を積み立てるときは、歳出となる。性質別経費の「積立金」となる[※3]。

　繰入金よりも積立金のほうが大きい年度は、基金が増え、繰入金のほうが大きい年度は、基金が減ることとなる（図表8）。11年間のうち繰入金のほうが大きかった年度は、2012年度、2018年度、2020年度、2021年度の4年間だけである。

（6）減債基金の推移と積み立て、取り崩し

　4番目の基金は減債基金である。改めてまとめると総務省の積立基金は、財政調整基金、その他特定目的基金であり、定額運用基金を含めて基金という。減債基金は他の基金と扱いが異なっている。

※3：自治体の歳出は、2つの側面から把握されている。性質別経費と目的別経費である。基金の積み立ては、目的別経費としては、かなりの金額が総務費、内訳は総務管理費である。目的が定まっていないからであろう。

図表8：繰入金と積立金の推移　（億円）

　東京都の全体貸借対照表では、4種類とも、「基金積立金」である。総務省の減債基金の扱いは独特であり、難解であり、実によろしくない[※4]。

　減債基金は、地方債（都債）への返済のための基金であるとされている。総務省の扱いでは、前述の3種類の基金とは、異なって、減債基金の積み立ては公債費（性質別経費でも目的別経費でも）、取り崩しは都債の返済額というあつかいになっている。総務省の「都債の現在高」とされている金額は、本当の都債現在高から減債基金現在高を引き算した額となっている。

　総務省のデータでは、減債基金の現在高も本当の都債現在高も、長い間、不明であった。「簿外の基金」「簿外の都債高」となっていた。ようやく2011年度より、「33表　地方債現在高の状況」に「（参考）減債基金積立額を償還額に含めない場合の現在高」が示されるようになった。この金額と「都債の現在高」との差額から、減債基金の現在高が計算できるようになったのである。2022年度の減債基金の現在高は、1兆5426億円で、東京都の貸借対照表の減債基金現在高に一致している（図表9）。

　このような処理は理解しにくいので、なるべく巻き込まれないように、減債基金は他の3種類の基金と同様に扱い、都債は減債基金を引き算するまえの本当の現在高に基づいて説明していくこととする。

　減債基金は、1兆3000億円から1兆6000億円と安定した額が保有されてきた。しかし都債は減少してきたのであるから、減債基金にこれだけの額が必要なのか、という問題が生じる。

※4：東京都は貸借対照表の注において、減債基金についての総務省の扱いについて「（総務省の）普通会計決算では、満期一括償還地方債の償還財源に充てるため、減債基金に積み立てた額は公債費に計上します。そのため、普通会計決算の基金残高と（東京都の貸借対照表の基金積立金とは）一致しません。」と説明している。

図表9：減債基金の推移　（億円）

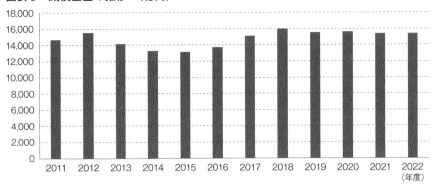

3. 都債の減る傾向は維持されている

（1）都債、発行額、公債費の推移

　都債の推移は、以下のとおり（図表10）。総務省のデータでは、2022年度の（本当の）現在高は、5兆3605億円である。東京都の貸借対照表の「地方債」は、5兆4249億円である。違いが644億円ある。理由は不明。

　2011年度が7兆2515億円であったから、2兆円近く減ったことになる。

　都債の毎年の発行高は、2012年度以降減少してきた（図表11）。2014年度から2019年度はわずか1000億円台であった。コロナ期の2020年度は4916億円発行したが、都債残高は1659億円増えただけである。

　2022年度の発行額は2386億円である。なお2386億円という都債発行額が歳入全体にしめる比重は、あまり大きくはない。毎年の繰越金は5000億円を超え、毎年の諸収入が4000億円程度である。この金額の規模と対比すれば、都債発行額の比重の低さがわかるだろう。

　公債費は、返済金、支払利子、都債発行費から成っているはずであるが、前述したとおり、総務省の処理では、返済金は減債基金への積立金である。わかりづらい。

　たとえば公債費は2017年度に増えている（図表12）。しかし2017年度は、都債発行高も都債現在高も減っている。2017年度に公債費が増えたのは、減債基金への積立金の額が大きかったからと推察される。

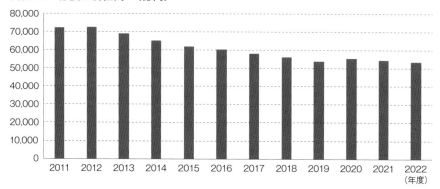

図表10：都債の現在高 （億円）

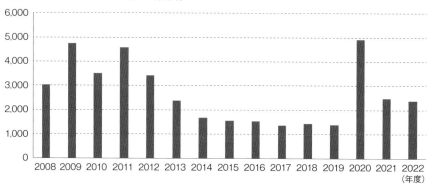

図表11：都債発行額の推移 （億円）

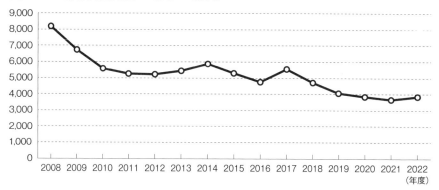

図表12：公債費（性質別）の推移 （億円）

2019年度以降、減債基金はほぼ同額であるから、積み立てと取り崩し（返済）とは同じとみれば、公債費は返済額に近いといえる。

　2008年度には8000億円を超えていた公債費は下がってきており、返済額と金利と合わせて4000億円弱である。

（2）東京都の減債基金は過大

　減債基金は、都債返済のための基金だというが、積み立てのルールはないのだろうか。総務省データの作成方法は、「地方財政調査表作成要領」に従っている。2006年度版の「地方財政調査表作成要領」では「銀行等引き受け債及び市場公募債の満期一括返済の財源にあてるため、定時償還額相当額（元金の6％）を減債基金に積み立てた額は「公債費」として計上し、31表には計上しない。（6％を超える分は、積立金として31表に計上する。）」となっていた（19頁）。31表とは、「基金の状況」のことであり、財政調整基金とその他特定目的基金が載っている表である。「（6％を超える分は、積立金として31表に計上する。）」であるから、「減債基金は、元金の6％まで」というルールがあったはずである。

　ところが2007年度以降の作成要領は、「満期一括償還地方債の償還財源に充てるため、減債基金に積み立てた額は『公債費』として計上し、31表には計上しない。」（20頁）に変わり、積立額を制限するルールはなくなった。

　ここで、もう一度、減債基金の推移と都債現在高の推移のグラフを見てほしい。都債の現在高が減っているのに対して、減債基金は増え、あるいは比例して減っているわけではないことがわかる。

　都債の現在高に対する減債基金の割合を積立率として、2011年度以降の東京の積立率と東京を除いた道府県合計の積立率を計算してみた。すると、以下のグラフとなる（図表13）（2015年度、2022年度の道府県合計は不明）。

　東京の積立率は、2011年度の20％から2019年度には29％に上がり、2020年度、2021年度28％、2022年度29％と高止まりしている。東京を除く道府県は、2011年度4％から2021年度には9％に上昇しているが、東京都の差は16％から20％に拡大している。

　都債の3割近いに当たる基金が、返済のために準備されているというのは、

図表13：減債基金積立率の推移（％）

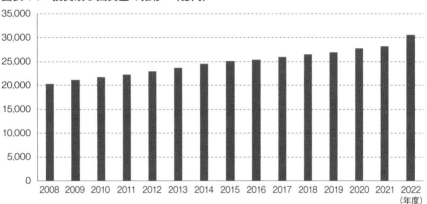

図表14：投資及び出資金の推移　（億円）

いかがなものであろうか。減債基金のうち1兆円を取り崩しても、積み当て率は約10％であり、まだ他の道府県よりも高い。東京都の減債基金の積立は、過剰である。

┃ 4. 投資及び出資金、貸出金は、「諸収入」を増やしているはず

　貸借対照表の「出資金・貸付金など」5兆538億円のうち、投資及び出資金の金額は、3兆656億円で、年々増加してきた（図表14）。貸付金は1兆6297億円で、2012年度には2兆円を超えていたが、その後減少した（図表15）。直

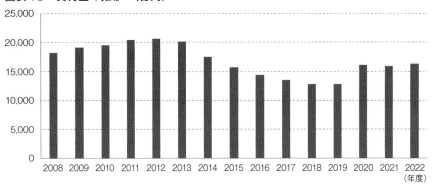

図表15：貸付金の推移 （億円）

近3年間は、1兆5000億円を超えている。

　投資及び出資金、貸出金の合計は、4兆6953億円で、配当、利子、返済額などの収入となって歳入項目の「諸収入」を増やしていると思われる。

▌5. 本章のまとめ──5兆円を超える金融資産のため込み

　主に基金積立金の推移を見てきたが、東京都の2022年度末の金融資産は、現金預金5908億円、4種類の基金積立金合計4兆2223億円、有価証券2389億円であり、金融資産の総合計は5兆520億円にのぼっている（図表16）。

　金融資産合計が最多となっている2017年度以降をみてみよう（図表17）。2017年度には、過去最高の5兆2928億円であった。2018年度、2020年度に減少したが、2017年度5兆2928億円と2020年度4兆8265億円との差額は、4663億円であった。オリンピックとコロナで減った金融資産額は、総合計からみれば、8.8％の減少でしかない。

　その後、2021年度、2022年度とで2256億円増えて、5兆520億円である。2023年度は過去最高の税収となっており、このままでは過去最高の金融資産額に再び到達するかもしれない。

　私たち東京都民は、東京都に金融資産を積み上げるために、暮らしを切り詰めながら税金を支払っているわけではない。

図表16：オリンピックとコロナでも金融資産はほとんど減らなかった （億円）

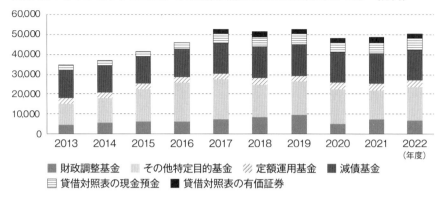

凡例：■ 財政調整基金　　■ その他特定目的基金　　▨ 定額運用基金　　■ 減債基金
　　　▤ 貸借対照表の現金預金　　■ 貸借対照表の有価証券

図表17：金融資産合計の推移（億円）

	2017年度	2018年度	2019年度	2020年度	2021年度	2022年度
金融資産合計	52,928	51,432	52,676	48,265	48,598	50,521

CHAPTER 4 決算収支、歳入、歳出の分析
──都政はなにをしてきたのか

　東京都は、金融資産を積み上げ、都債を着実に返済し、発行額も減らしてきたことがわかった。なぜ借金減らしと金融資産の積み上げができるのか。それは、単純にいえば、外部からの収入の方が外部への支出よりも多いからである。ということで、まず決算の収支の状態を確認し、次に歳入と歳出のなかみをみてみよう。特に歳出の分析は、小池都政が何をしてきたのか、してこなかったのかを財政面から検証することになる。

▌1. 決算収支について

(1) 全体の歳入、歳出、決算収支

　自治体の歳入、歳出は、1年間の外部からの収入、1年間の外部への支出には当たらない項目がある。基金への積立金（歳出）、基金からの繰入金（歳入）[※1]、減債基金の積み立てを計上する公債費（歳出）、前年度からの繰越金（歳入）、普通会計の外に移される繰出金（歳出）などである。都債の発行（歳入）もその年度では、外部からの収入であるが、その後返済することになるので、入りっぱなしになるわけではない。これらが企業会計と異なる官庁会計の特徴である。

　自治体の赤字、黒字は、実質収支の差額でみるという。実質収支の額は、歳入総額から歳出総額を引き算して歳入歳出差引を計算し、「翌年度に繰り越すべき財源」をさらに引き算して、計算する。「翌年度に繰り越すべき財源」とは、歳入のうちには、その年度に対応する事業が行われずに、次年度に繰り越される金額のことである。

　総務省データに基づくと、実質収支の額は、小池都政になってから、2016、2017、2018年度は3000億円を超え、2019年度は4371億円と過去最大となった（図表1）。2020年度は、コロナ対策の臨時的な支出があり2483億円と減少したが、2022年度には2867億円と、再び増加傾向にある。2012-2015年度を上回る黒字が続いている。

※1：繰入金は公営企業からの繰り入れも対象だが、ほとんどは基金の取り崩しである。

図表1：決算収支の推移　（億円）

	2012	2013	2014	2015	
歳入総額（A）	62,330	64,552	68,534	71,863	
歳出総額（B）	60,418	62,022	65,540	69,347	
歳入歳出差引（C）＝（A）－（B）	1,912	2,529	2,994	2,515	
翌年度に繰り越すべき財源（D）	836	1,048	1,597	1,375	
実質収支（E）＝（C）－（D）	1,076	1,481	1,397	1,141	

　実質収支の差額については、東京都と総務省のデータは、異なっている。理由は、「翌年度の繰り越すべき財源」の金額が違うからである（図表2）。

図表2：東京都が公表している決算収支のデータ（億円）

	2021	2022
歳入総額（A）	101,390	97,550
歳出総額（B）	95,895	91,883
歳入歳出差引（C）＝（A）－（B）	5,495	5,667
翌年度に繰り越すべき財源（D）	5,486	5,636
実質収支（E）＝（C）－（D）	10	31

出典：東京都「決算の状況 令和4年度」。

（2）決算収支に関する指標

①47都道府県の実質収支比率

　赤字・黒字の程度を示す指標が実質収支比率である。実質収支比率は、実質収支額を標準財政規模で除した比率である[2]。総務省は全自治体が提出した普通会計のデータからポイントとなる項目を集めて「決算状況」という総括表を作成し、公表している。2021年度の「決算状況」から47都道府県の実質収

※2：標準財政規模とは、自治体間の比較ができるように、「標準的な状態で通常収入されるであろう経常的一般財源の規模」として、標準税収入額等、普通交付税額、臨時財政対策債発行可能額を加算する。

	2016	2017	2018	2019	2020	2021	2022
	71,225	73,044	78,688	81,129	90,547	101,390	97,550
	67,439	68,275	73,790	75,811	86,095	95,895	91,883
	3,786	4,769	4,897	5,317	4,451	5,495	5,667
	582	1,491	1,489	946	1,968	2,826	2,800
	3,204	3,278	3,408	4,371	2,483	2,669	2,867

支比率を集め、高い順にならべてみると、東京は並外れて高いことがわかる。10都道府県を示す（図表3）。47都道府県の単純平均は、2.6%である。

　この比率が高いことは、評価できることではない。自治体の存在意義からして、高い比率が必要であるわけではない。

②47都道府県の経常収支比率

　経常収支比率は、財政のゆとり度を示す指標である。地方税、普通交付税のように使途が特定されておらず、毎年度経常的に収入される一般財源（経常一般財源）を分母として、人件費、扶助費、公債費のように毎年度経常的に支出される経費（経常的経費）を分子に算定される。

　2021年度の総務省「決算状況」から47都道府県の経常収支比率を集め、今度は低い順にならべてみると、東京はやはり1番となり、2番目以下との差は大きいことがわかる。10都道府県を示す（図表4）。47都道府県の単純平均は、88.0%である。

　この比率は、経常一般財源を経常的経費に充てても、まだ余裕があることを示しており、都民の暮らしに使える財源を考えるときに、参考になる。たとえば東京の2021年度の経常経費に充当された一般財源等の合計は、3兆4512億円である。この金額が77.8%に当たるのであるから、経常一般財源は4兆4360億円である。これを47都道府県並みに88%とするならば10.2%分にあたる4525億円が毎年使える財源の目安となる。

図表3：実質収支比率が高い都道府県

	都道府県名	実質収支比率(%)
1	東京都	8.2
2	山口県	7.1
3	徳島県	5.9
4	宮城県	5.5
5	愛知県	5.3
6	島根県	5
7	秋田県	4.9
8	群馬県	4.9
9	熊本県	4.7
10	三重県	4.4

出典：総務省「決算状況（都道府県）」令和3年度より著者作成。

図表4：経常収支比率が低い都道府県

	都道府県名	経常収支比率(%)
1	東京都	77.8
2	鳥取県	82.8
3	宮崎県	83.7
4	島根県	83.9
5	山梨県	84.5
6	岐阜県	84.7
7	愛媛県	84.7
8	千葉県	84.8
9	奈良県	84.8
10	熊本県	84.9

出典：総務省「決算状況（都道府県）」令和3年度より著者作成。

③東京都の決算指標の推移

　二つの指標の推移を示す表によれば、コロナ対策で持ち出しの多かった2020年度を除くと、実質収支比率の上昇、経常収支比率の低下は、著しかった（図表5）。実質収支比率は、小池都政が始まる2016年度に8.3％に跳ね上がり、2019年度には11.1％にもなっている。経常収支比率も年々低くなってなり、小池都政のもとで70％台に低下した。なお2022年度の経常収支比率は、

図表5：決算収支に関する指標の推移　（%）

	2011	2012	2013	2014	2015	
実質収支比率	3.6	3.7	4.9	4.1	3.1	
経常収支比率	95.2	92.7	86.2	84.8	81.5	

出典：総務省「決算状況（都道府県）」各年度より著者作成。

東京の公表データによれば、79.5％であり、低いままである。

実質収支比率にしろ、経常収支比率にしろ、東京都のお金の余裕度は、十分すぎる状態である。

▎2. 歳入の推移と特徴

（1）歳入合計と地方税収入の推移

地方税による税収は、リーマンショックによる2009年度から2011年度を底として、増加に転じた（図表6）。2012年度以降、歳入合計と地方税は、パラレルに増加をしてきた。2008年度の歳入合計は7兆774億円、2010年度は6兆1707億円の歳入であったが、2019年度には8兆1129億円まで増えた。

2020年度は、消費税増税、コロナ不況の影響で、地方税の税収が減少したが、歳入合計は急激に増加した。普通会計の歳入合計は、2021年度に10兆円を超えて、10兆1390億円となった。コロナ対策をふくめ2兆5000億円の国庫支出金が投入されたからである。

2022年度は、国庫支出金が減ったため歳入合計は減ったものの、歳入は9兆7550億円、税収は6兆1869億円と初めて6兆円を越えた。

（2）地方税以外の歳入項目の推移

地方税以外の歳入としては、2020，2021，2022年度の国庫支出金の増加が目立っているが、ほかでは繰入金、繰越金、諸収入が合わせて1兆5000万円前後ともなっている年度もあり、注目すべき歳入項目である（図表7）。

繰入金は基金からの繰入れ（貯金をおろす）である。基金は、歳出の積立金（性質別経費）として、積み立てられる（貯金する）ので差額が基金の純増額

	2016	2017	2018	2019	2020	2021
	8.3	8.4	8.9	11.1	6.6	8.2
	79.6	77.5	77.5	74.4	84.9	77.8

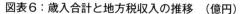

図表6：歳入合計と地方税収入の推移　（億円）

図表7：地方税以外の主な歳入項目の推移　（億円）

	2016	2017	2018	2019	2020	2021	2022
地方譲与税	2,355	2,451	2,768	2,715	473	533	638
国庫支出金	3,491	3,897	3,375	3,548	12,209	25,146	12,585
繰入金	615	1,184	4,203	4,443	6,800	2,848	7,781
繰越金	2,515	3,786	4,769	4,897	5,317	4,451	5,495
諸収入	5,057	4,794	4,918	4,227	5,477	4,410	4,212
地方債	1,526	1,368	1,427	1,386	4,917	2,485	2,387

となる。

　繰越金は、前年度の歳入歳出差引額（お金の余り）にあたる。繰越金は、貸借対照表の現金預金額に含まれている。近年増加する傾向にある。

　諸収入は増勢にあるとはいえないが金額としては2022年度に4212億円もあり、重要な財源である。諸収入の内訳をみると、目立っているのが「貸付金元利収入」の内訳「その他からのもの」（2467億円）、「雑収」の内訳「その他からのもの」1109億円である。

　これらに比べて、地方債の発行は、2020年度を除いて少額である。2022年

度は2387億円であるが、資金繰り全体のなかで重要な金額とはいえない。

（3）繰越金は余りであり、有力な財源

　少し年度をさかのぼると、繰越金（前年度の歳入歳出差引額）は2009年度1662億円であった（図表8）。その後、2010年度、2016年度、2021年度を除いて、増え続けていることがわかる。2023年度の5667億円は、過去最高の額である。

図表8：繰越金＝前年度の歳入歳出差引の推移　（億円）

　2022年度末（＝2023年度期首）の貸借対照表で現金預金は5908億円である。5667億円の繰越金が対応している。

　繰越金とはなんだろうか。実質収支の差額を計算する時には、「翌年度の繰り越すべき財源」の額を引き算する。そうであっても、翌年度の歳出は、翌年度の歳入から充てられて、歳入歳出差引が計算されて、繰越金となるのであるから、やはりこの金額は年度の余りであるということができそうである。

　実質収支差額の計算で、「翌年度の繰り越すべき財源」の金額が総務省と東京都とで異なっており、判断という要素が入ってくるのに比べると、現金預金の裏付けのある繰越金は、実質収支差額よりも確実な金額であるともいえる。グラフのように増え続けることは、予算・決算の規律から見ても良くないことである。

▌3. 歳出の推移と特徴

（1）目的別経費と性質別経費の２側面

　歳出の動きは、私たちが付託した税金が何に使われているのか、小池都政がどこに顔を向けているのかを示している。自治体の歳出は、目的別経費と性質別経費の２面から把握されている。

　目的別経費とは、経費が使われた目的別の区分であり、以下、27項目である。

1．議会費、2．総務費、3．民生費、4．衛生費、5．労働費、6．農林水産業費、7．商工費、8．土木費、9．警察費、10．消防費、11．教育費、12．災害復旧費、13．公債費、14．諸支出金、15．前年度繰上充用金、16．利子割交付金、17．配当割交付金、18．株式等譲渡所得割交付金、19．分離課税所得割交付金、20．道府県民税所得割臨時交付金、21．地方消費税交付金、22．ゴルフ場利用税交付金、23．特別地方消費税交付金、24．自動車取得税交付金、25．軽油引取税交付金、26．法人事業税交付金、27．特別区財政調整交付金

　性質別経費とは、経費の性質ごとの区分である。性質別経費は、以下の14項目である。
1．人件費、2．物件費、3．維持補修費、4．扶助費、5．補助費等、6．普通建設事業費、7．災害復旧事業費　8．失業対策事業費　9．公債費　10．積立金　11．投資及び出資金　12．貸付金　13．繰出金　14．前年度繰上充用金

　目的別経費と性質別経費とは、図表9ように、関係がわかるように、いわゆるクロスセッション分析ができるように表が作成されている。また経費ごとの財源についてもわかるようになっている。

　以下では、「木をみて森をみない」ようにならないよう、全体の推移や金額の多寡に注目して、概括した。

（2）目的別経費の推移

　目的別経費ごとの歳出のしかたをみるにあたり、性質別経費の「6．普通建

図表9：目的別経費と性質別経費の関係がわかる

	1.議会費	2.総務費	3.民生費	4.衛生費	5.労働費	6.農林水産業費	･･･
1.人件費							
2.物件費							
3.維持補修費							
4.扶助費							
5.補助費等							
6.普通建設事業費							
7.災害復旧事業費							
8.失業対策事業費							
9.公債費							
10.積立金							
･･･							

設事業費」とそれ以外にわけた。というのは、普通建設事業費は、施設づくり、土木、公共工事のための支出であり、それ以外の経費は、行政サービスその他のための「人に関わる支出」であり、性質が異なるからである。

① 普通建設事業費の推移と目的別経費——2018年度と2019年度は建設工事ラッシュ

まず普通建設事業費全体の推移をみる（図表10）。

2018年度は、1兆4745億円、2019年度は1兆1147億円と、1兆円を上回っている。他の多くの年度は8000億円未満であったから、差は、6745億円、3147億円、併せて、約9892億円、約1兆円程度、多かったことになる。この2年間に集中している。豊洲市場の安全性が問題となった2016年度は、2015年度に比して1000億円の増加であったから、2018年度、2019年度の増加ぶりが際立っている。

2018年度、2019年度の急増は、オリンピック準備と関連があるだろう[3]。

※3：公益財団法人東京オリンピック・パラリンピック競技大会組織委員会の最終報告（2022.6）によれば、大会経費は、1兆4238億円、組織委員会の収入は、6404億円、残り7834億円のうち、東京都の負担が5965億円、国の負担が1869億円となっている。東京都の負担のうち2252億円が恒久施設であり、残り3713億円は仮設費をはじめとする諸経費となっている。

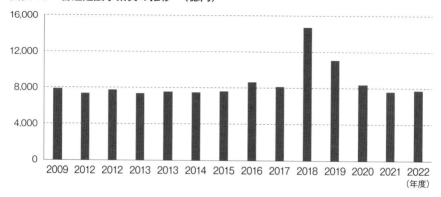

図表10：普通建設事業費の推移 （億円）

図表11：普通建設事業費の主な目的別経費の推移 （億円）

　普通建設事業費は、主にどの目的別経費に使われたのであろうか。

　飛びぬけているのは、2018年度の諸支出金5423億円である（図表11）。内訳をみると普通財産取得費である。普通財産というのは、必要な財産として保持されている行政財産ではなく、民間への売却も可能な財産である。普通建設事業費が普通財産取得費として扱われたのは、この年度だけである。

　土木費は、2011年度から4000億円台で推移しており、小池都政が始まる2016年度から5000億円台に増加している。2018年度は5734億円、2019年度は5494億円と大きく増えている。2020年度以降減少しているが5000億円

前後である。

　2019年度の教育費への2038億円、主な内訳は体育施設1493億円である。総務費への普通建設事業費は1381億円、内訳は、総務管理費と市町村振興費である。

　2018年度、2019年度は、オリンピック開催と歩調を合わせて行われた建設土木工事ラッシュの年度であったといえるだろう。前述した通り、通常の年度に比して約1兆円、普通建設事業費が増えている。

　組織委員会のいうオリンピック「恒久施設」は2252億円であったから、これを大きく上回った建設事業が行われていたことがわかる。都民が知りたいのは、こうしたオリンピックと足並みを揃えた普通建設事業費の内容ではないだろうか。

　2018年度と2019年度の全体で、2兆6000億円にものぼる建設事業ラッシュを支えたのは、一般財源（8597億円、6081億円）と基金からの繰入金（3267億円、2255億円）である（図表12）。

　普通建設事業費は、一般財源、繰入金いずれも、税収を主とする都の独自財源である。他年度に比べて、1兆円近くも多く費やされた財政力は、いまや暮らしに回すべきである。

図表12：普通建設事業費の主な財源の推移　（億円）

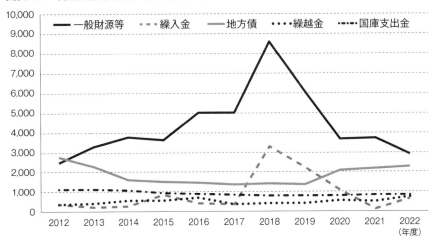

② 普通建設事業費以外の目的別経費——コロナ対策期までは増えない

普通建設事業費以外の経費は、都民の生活を向上させるための行政サービスに充てられるべき経費である。表は、普通建設事業費以外に支出された目的別経費のうち、金額の大きい項目である（図表13）。このうち総務費は、必ずしも行政サービスに充てられたとはいえない項目である。というのは、基金への積立金を含んでいるからである。

2021年度の総務費額5139億円のうち、基金の積み立て額である積立金は1961億、2022年度の総務費額1兆176億円のうち積立金は6615億である。

公債費の性格や推移については前章で述べたが、5000億円台から3000億円台へ、減少していることが確認できる。

ここでは暮らしに直接かかわる6種の目的別経費、民生費、衛生費、商工費、警察費、消防費、教育費の合計額の推移をみてみよう（図表14）。コロナ対策の2020年度以降を除くと、ほとんど停滞、抑制されてきたといえるだろう。内訳の推移は、以下のグラフの通りである（図表15）。

教育費は、2021年度まで、増える傾向にあった。2022年度は急激に減少している。民生費は、2017年度に減少したが2020年度まで増加、その後減少している。教育費、民生費が共に2022年度に減少している基調にあることは残

図表13：普通建設事業費以外に支出された主な目的別経費の推移（億円）

	2012年度	2013年度	2014年度	2015年度	2016年度	
総務費	2,969	3,964	5,685	6,719	2,640	
民生費	7,945	7,830	8,178	9,297	10,690	
衛生費	1,794	1,921	2,205	2,254	1,908	
商工費	2,982	3,203	3,143	3,506	3,568	
警察費	5,516	5,455	5,518	5,615	5,703	
消防費	1,974	1,956	2,003	2,016	2,049	
教育費	8,821	8,841	8,869	9,006	9,423	
公債費	5,249	5,475	5,904	5,313	4,760	

図表14：普通建設事業費以外に支出された6項目の目的別経費合計額の推移（億円）

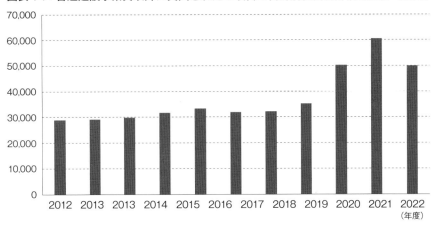

念なことである。

　警察費と消防費は、僅かずつであるが増えてきた。コロナ対策期も変わらなかった。

　コロナ対策期に際立っているのは2020年度、2021年度の商工費と衛生費の伸びである。共に国庫支出金を受けて、市区町村を通じて、事業者への給付金

	2017年度	2018年度	2019年度	2020年度	2021年度	2022年度
	5,092	4,172	6,976	5,609	5,139	10,176
	9,355	9,170	10,280	12,907	12,197	12,126
	1,951	1,775	2,301	5,020	6,658	11,420
	3,297	3,640	4,054	12,757	20,859	7,716
	5,729	5,802	5,899	5,830	5,860	5,891
	2,074	2,094	2,144	2,116	2,122	2,188
	9,463	9,789	10,670	11,494	12,752	10,675
	5,571	4,745	4,060	3,882	3,671	3,853

図表15：普通建設事業費以外に支出された6項目の目的別経費の推移（億円）

や感染対策、ワクチン接種事業に支出されてきた。商工費は、緊急事態からの回復に伴って、2022年度は落ち着いてきていることがわかるが、衛生費は依然として高い水準にある。

　これら目的別経費の推移からわかることは、2018-2019年度の普通建設事業の急拡大と2020-2022年度のコロナ対応が際立っていることである。普通建設事業費、商工費、衛生費をのぞく民生費、教育費、警察費、消防費は、決して十分な状態にあるわけではないといえる。

（3）性質別経費の推移──人件費ねらい撃ちが明確

　すでに目的別経費で取り上げた公債費や基金の積み立てとして説明した積立金、投資的経費（普通建設事業費）については取り上げたので、これらをのぞく4種の性質別経費の推移、それぞれが歳入合計額に占める割合の推移は、次のグラフである（図表16、図表17）。

　人件費は、2008年度の1兆5755億円から2013年度には1兆4454億円まで減少した。2014年度からわずかに増加に転じているが、コロナ対応とオリンピックの延期に追われた2020年度は減少した。2021年度は1兆5418億円であるが、2008年度の水準にまで回復していない。歳入合計に占める割合は、2010年度25％が最大で、2021年度15％、2022年度16％に劇的に低下している。

　「都職員定数の推移」によれば、1979年度22万人であった都職員定数の総

図表16：4項目の性質別経費の推移（億円）

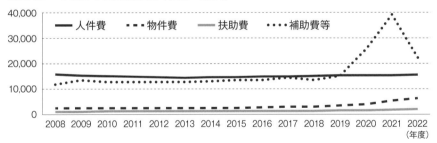

図表17：4項目の性質別経費が歳入全体に占める割合の推移

数は、減り続け、2009年度には16.5万人となり、2022年度でも17万人にしか回復していない（図表18）。2022年度の総数は、79年度の77.5％でしかない。特に東京都職員定数条例の対象となっている合計人数は48％に激減している。正規雇用職員の削減、大学や病院の独法化が進んでいる。学校職員定数も86.9％にしか回復していない。一方、警視庁、消防庁の職員は5.3％増、3.2％増と人員定数が確保されていることがわかる。

　物件費は、2008年度の2449億円から増え始めるのは2014年度以降である。2019年度から急激に増えている。コロナ対策が採られるなかで、2022年度には6320億円となった。2008年度の2.6倍である。歳入に占める割合も3％から6％と比重と高めた。物件費が急増している原因は、委託料の増加である。2020年度、2021年度の委託料の使い道では、衛生費が際立っている。

　扶助費は、2008年度1052億円から2019年度1426億円、12年間36％増えた。扶助費が歳入合計に占める割合は、2008年度の1％であったが、その後、

図表18：都職員定数の推移（人）

種別 \ 年度		1979	1984	1989	1994	1999	
総　数		220,333	210,288	204,325	198,205	188,819	
東京都職員定数条例	計	81,864	72,119	69,165	68,785	62,963	
	知事部局	55,111	48,223	46,888	46,888	42,262	
	大　学	1,131	1,084	1,158	1,158	1,172	
	公営企業	23,736	21,162	19,735	19,355	18,254	
	行政委員会等	1,886	1,650	1,384	1,384	1,275	
警視庁設置条例		44,174	43,966	44,213	44,213	44,544	
消防庁職員定数条例		18,070	17,923	17,923	17,923	18,013	
学校職員定数条例		76,225	76,280	73,024	67,284	63,299	

注1：特別職、教育庁は含まない。　注2：行政委員会等に議会局を含む。
出典：東京都総務局人事部編「東京都職員ハンドブック　2023」。

2％である。

　補助費等は、2008年度1兆1704億円から、2018年度は減少したが、2019年度までに1兆5011億円になった。補助費が歳入合計に占める割合は、17％から20％の間で推移した。2020年度には2兆5602億円、2021年度には3兆9141億円に急増した。特別区や市町村を通じたコロナ対応事業への補助である。歳入総額に占める割合は、2021年度39％ともなった。2022年度は2兆2703億円である。補助費等は、目的別経費では商工費、衛生費の急増を支え、財源は東京都からだけではなく、国庫支出金（歳入）が充てられている。

　4つの性質別経費のなかで、増えなかったといえるのは人件費だけである。2008年度と比べると2022年度の歳入に占める割合は6％も下がった。6％は2022年度の歳入合計が9兆7550億円であるから、5853億円に当たる。この減額が、基金積立金を増やし、オリンピック期の建設工事に充てられ、繰越金を増やしてきたのである。経常収支比率を下げた根本要因は、人件費削減、抑制にあることがわかるのである。

	2004	2009	2014	2019	2022	2022/1979
	173,506	165,293	165,491	168,795	170,657	77.5%
	48,040	39,427	37,894	38,853	39,294	48.0%
	29,395	24,674	23,886	24,765	25,267	45.8%
	1,075					
	16,432	13,726	13,010	13,077	12,977	54.7%
	1,138	1,027	998	1,011	1,050	55.7%
	45,174	45,808	46,113	46,501	46,501	105.3%
	17,988	17,967	18,152	18,620	18,655	103.2%
	62,304	62,091	63,332	64,821	66,207	86.9%

▌4. 人と暮らしを守るための都政への転換と都財政

本章でわかった歳入、歳出の特徴は、以下の通り。

①　歳入が、税収が6兆円を越えたこと。これは過去最大である。

②　歳入に比して、歳出は抑えられており、繰越金は年々増大していること。繰越金は貸借対照表の現金預金を増やしてきた。

③　歳入項目には、税収、国庫支出金、繰越金以外にも、繰入金（基金取り崩し）や諸収入（含む貸付金等の元利利子）もそれぞれ5000億円近くあり、これらに比して都債発行収入は2000億円台と重要な収入ではないこと。

④　歳出項目では、普通建設事業費が、2018年度、2019年度に合わせて、2兆6000億円と、広い意味でのオリンピック期の支出が膨大であったこと。

⑤　コロナ対策費は、2020年度、2021年度に合計4兆3034億円、東京都の負担は、1兆3725億円。このうち一般財源で対応できたのが6187億円、地方債の発行2817億円であった。

⑥　普通建設事業費とコロナ対策の衛生費、商工費の増加をのぞけば、民生

費、教育費、衛生費、商工費、警察費、消防費という都民の暮らしと安全にかかわる経費は、あまり増えていない。

　⑦　これら普通建設事業以外の目的別経費が増えない理由を、性質別経費からみれば、最たるものは人件費の削減であること。人件費の減少、比重の低下が、基金のため込み、繰越金の増加、オリンピック期の建設事業を支えてきたといえるだろう。

　前章までみたとおり、2022年度の金融資産総額は5兆520億円と、2017年度の過去最高の5兆2928億円迫っている。ため込みではなく、人と暮らしを守るための東京都財政に転換するべきである。そのために豊かな財源、財政力を活用しよう。

地域経済を担う労働者の処遇改善と中小企業の振興——労働者対策費を増やそう

▍1. 都内で働く労働者の実態

（1）貧困の実態と自治体間格差

　東京都の昼間人口は1592万人、夜間人口より200万人多く、労働者が近隣諸県から働きに来ているといえる（東京都産業労働局2023年度資料）。約900万人の従業者が都内総生産115兆6824億円を生んでいる。事業所数に占める中小企業の比率は98.8%と高く、多くの労働者が中小企業で働いている。公務員は東京都職員17万人、市区町村9万3445人、計約26万人（2021年統計局HPより）であり、かなりの人数である。労働者全体では正規労働者459万3000人に対して非正規労働者279万5000人（パート・アルバイト177万1000人、派遣25万8000人等）と、全体の37.7%にのぼっている（2020年度集計）。

　東京都の平均賃金は月額41万3000円となっているが、地域間格差が大きい（総務省2019年市町村課税状況等の調）。1人当たり所得の23区最高額は港区の676万円であり、これに対して、最低額は足立区168万円と、その格差は4倍以上である。世帯収入は港区は約990万円で、足立区の340万円の3倍近くになる。これは港区を中心に大手デベロッパーと自治体がまちを「再開発」した結果、混在していた低所得、中間所得の労働者が周辺に追い出され、代わりに立ち並んだタワーマンションに高収入層が流入してきたためと考えられる。開発に伴い住居費も高騰するため、こうした労働者は職場に近い都内に住み続けるのが苦しくなり、周辺地域や他県に住まいを移さざるを得ないのである。

（2）都内に広がる貧困

　都の統計によると完全失業者は22万6000人となっているが、非正規労働者はいつでも雇止め（解雇）される不安定な身分であり、半失業状態に置かれている。

非正規の賃金水準については、国の統計では平均賃金が正規32万3400円に対し、非正規21万6700円と67％までに格差が拡大している（図表1）。

　若年層の賃金は、正規・非正規問わず低く据え置かれている。初任給に相当する19歳以下の賃金は、正規でも18万7000円であり、非正規では16万9000円で税・社会保険料を差し引けば手取り12万程度にしかならない。長年ベースアップがゼロに据え置かれていることは、労働して生み出した価値が賃金を通して適正に分配されていかないという「コストカット経済」の典型と言

図表1：正規と非正規の賃金格差は拡大している（2021年、単位：千円）

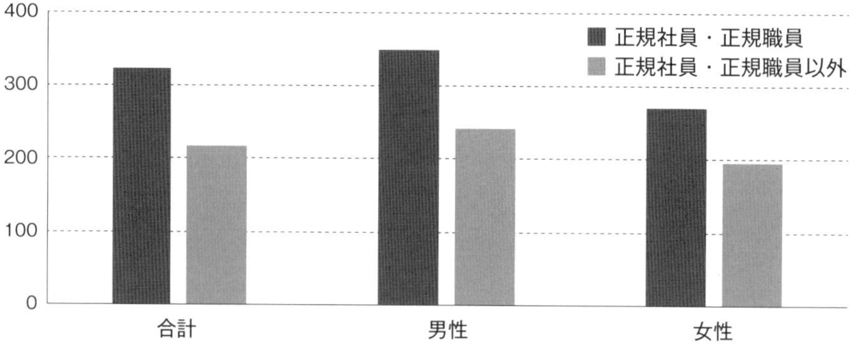

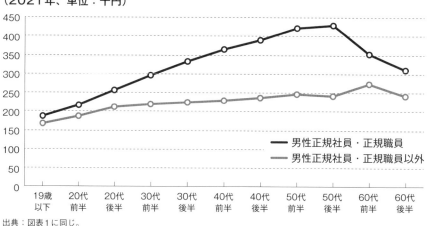

出典：厚生労働省「賃金構造基本統計調査」2021年。

図表2：非正規社員賃金（年収）は年代に関わらず200万円台にとどまっている（2021年、単位：千円）

出典：図表1に同じ。

える（図表2）。

　また、大企業ほど正規と非正規の格差が大きく、非正規に適正な賃金を支払っていないことによって利益を蓄積していることがわかる（図表3）。

　コストカット経済による初任給の据え置きが、都内の企業で働く労働者の中にも深刻な若年層の貧困を広げている。そのうえ、大学の奨学金数百万円の返済を背負って社会人生活をスタートすることになっている。結婚や子育てを考える余裕を奪ってきたのである。

図表3：大企業ほど正規と非正規の格差が大きい（2021年、企業規模別・正規労働者を100とした場合の非正規労働者の賃金、%）

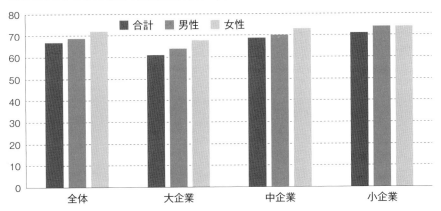

出典：図表1に同じ。

（3）都心の名店が消えてゆく

　中央区京橋や港区新橋・赤坂に自社店舗を展開し、70年間うどんすきを営んできた名店「東京美々卯」が、2020年都内全店舗を閉店した。地域に根差した歴史ある商売や製造事業が廃業に追い込まれ、都心は空洞化が進んでいる。

　巨大不動産デベロッパーによる「再開発」という名の乱開発は、投機による土地価格上昇に伴う地代・家賃の高騰を生む。それらに伴い都内在住者が近県に押し出されるだけでなく、地域に根差した老舗の名店が消えて行っている。

　都心の大企業支配と併せて、地代・家賃や利息等の不労所得が拡大している。大手不動産会社と金融機関が一体となり自治体が後押しする「再開発」を制限

し、再開発に伴う巨額な所得の移動について、特に銀行と大企業、大手不動産会社に対し、都としての課税のありかたを見直すことも求められているのではないだろうか。

▌2. 東京で働き暮らすために必要な月額25万円・年収300万円の実現は急務

（1）東京都の最賃を平均賃金の50％に

　全労連や東京地評が実施した全国の最低生計費調査によれば、月額25万円、年収300万円が必要であることが明らかになった。都内の居住地域で違いはないことはもちろん、都市部と地方では住居費などの違いが強調され賃金格差を放置する根拠となってきたが、実際には生活費に違いが無いことがはっきりした（図表4）。

図表4：最低生活費調査

都道府県名	都市名	性別	消費支出						
			食費	住居費	水道・光熱	家具・家事用品	被服・履物	保健医療	交通・通信
茨城	水戸市		41,967	36,458	7,546	3,265	8,440	1,002	29,990
東京	北区	男	44,361	57,292	6,955	2,540	6,806	1,009	12,075
長野	長野市	男	41,323	40,625	7,298	4,342	7,522	1,026	29,359
岐阜	岐阜市	男	44,872	38,000	7,874	3,058	7,748	1,501	34,993
京都	京都市	男	44,441	41,667	7,419	3,836	5,921	1,137	18,612
大阪	大阪市	男	43,727	48,000	5,091	3,780	8,756	4,107	13,469
岡山	岡山市	男	40,333	35,417	7,273	4,032	6,575	1,094	33,384
山口	山口市	男	36,886	33,000	7,245	4,168	6,654	1,091	40,417
佐賀	佐賀市	男	39,025	34,500	8,150	3,561	5,635	1,184	41,856
長崎	長崎市	男	39,434	39,000	8,109	3,797	7,092	1,174	15,649
大分	大分市	男	42,755	39,000	7,560	4,226	4,478	2,248	36,302
鹿児島	鹿児島市	男	39,941	34,000	8,101	3,401	5,680	1,181	39,469
沖縄	那覇市	男	41,266	36,458	8,764	3,826	5,021	1,142	33,794
調査数	13	平均	41,564	39,494	7,491	3,679	6,641	1,454	29,182

出典：全労連「最低生計費試算調査」2023年10月現在。

東京都の最低賃金は1113円（2023年10月改訂）だが、この金額では月22日8時間働いても月額16万円、年収200万円（労働時間年間1800時間で換算）程度にしかならない。世界各国の最賃を比較すると、フランス1829円、イギリス1900円、ドイツ1906円、オーストラリアは2225円、日本で最も高い東京の最賃1113円と比較しても2倍以上の開きがある（図表5）。各国の最賃が引き上がっている大きな要因としては、労働運動を背景に欧州連合（EU）が、「最低賃金は賃金の中央値の60％、平均値の50％を目安にする」という「適正な最低賃金に関する指令」（2022年10月）の成立がある。

　この目安を東京に置き換えると、賃金の中央値年収572万円の60％は343万円、月額28万6000円、時給換算1625円となる。平均年収612万円の50％でみると月額25万円5000円、時給換算1449円となる（時給換算はいずれも

教養・娯楽	その他	計	非消費支出	予備費	最低生計費 税抜	最低生計費 税込	年額（税込）	調査実施時期
28,534	22,708	179,910	55,177	17,900	197,810	252,987	3,035,844	2020年7月
25,577	23,189	179,804	51,938	17,900	197,704	249,642	2,995,704	2019年9月
26,393	25,225	183,113	53,399	18,300	201,413	254,812	3,057,744	2020年7月
20,390	18,301	176,737	53,422	17600	194,337	247,759	2,973,108	2023年1月
27,510	27,847	178,390	49,595	17,800	196,190	245,785	2,949,420	2019年4月
25,553	21,011	173,494	54,157	17300	190,794	244,951	2,939,412	2022年2月
25,454	26,842	180,404	50,107	18,000	198,404	248,511	2,982,132	2020年7月
25,749	19,663	174,873	49,467	17,400	192,273	241,740	2,900,880	2019年4月
25,964	18,252	178,127	46,045	17,800	195,927	241,972	2,903,664	2019年12月
23,327	27,155	164,737	43,655	16,400	181,137	224,792	2,697,504	2019年4月
26,635	23,873	187,077	53,037	18700	205,777	258,814	3,105,768	2021年6月
21,257	23,813	176,843	43,115	17,600	194,443	237,558	2,850,696	2019年4月
25,620	23,548	179,439	48,977	17,900	197,339	246,316	2,955,792	2020年7月
25,228	23,187	177,919	50,161	17,738	195,658	245,818	2,949,821	

図表5：最低賃金の国際比較

フランス	約1829円
イギリス	約1900円
ドイツ	約1906円
ニュージーランド	約1981円
オーストラリア	約2225円
アメリカ・カリフォルニア州のファーストフード店	約3000円

注：2023年10月25日為替レートで換算。
出典：宮本徹衆議院議員事務所作成。

月176時間）。これでもフランスやオーストラリアからは大きく遅れているものの、国際都市を自認するのであれば、格差と貧困を克服するべく取り組んでいる各国の政策をすぐにも取り入れるべきである。

（2）東京都は非正規労働者の大幅引上げに踏み出せ

　現行最低賃金法では、中央最低賃金審議会「答申」を受け、各都道府県最低賃金審議会が引上げ額を決定するとされている。引上げ額の決定基準は、①労働者の生計費、②地域の賃上げ実態、③企業の支払い能力という相矛盾する基準となっており、特に企業の支払い能力が大幅な引き上げを阻んでいる。また、東京都職員賃金は人事委員会の勧告によって決定されるとされている。しかし、非正規職員の賃金には最低賃金が適用され、また東京都は支払い能力も十分にあるので、率先して非正規職員の最低賃金を大幅に引上げることは法的にも何の問題もない。さらに、東京都が発注する事業に従事する労働者の賃金の最低限保障を引き上げられる適正な発注額とすることは、公共事業の健全な維持・発展のために不可欠である。

　日本の最低賃金は、前年比41円アップし全国加重平均1004円になった。といっても全国一律でなく、47都道府県バラバラで、1000円以上は東京はじめ7つの都府県にとどまる一方、900円以下は16県、47都道府県の最低賃金は892円というのが真実である。東京の近接県を見ると、埼玉県1026円、千葉

県1026円、栃木県954円、茨城県953円、山梨県938円となっており、より高い賃金を求めて東京への遠距離通勤を強いている。近隣諸県から安い労働力が流入し続ける限り、東京の最賃を引き上げる動機は弱くなる。近隣地域の賃金の底上げは、労働力の流出を防ぎ、各地域の産業を安定的に発展させる。ひいては東京都の発展にとっても重要な課題である。東京都知事と議会が共同して、最賃引上げを妨げる現行法の改正を率先して国に提言すべきである。

　同時に、中小企業の支払い能力を向上させるための中小企業振興策を強化する必要がある。例えば、①都内中小企業が時給1500円を支払うことで働き手を確保できるよう、採用賃金の原資支援として時給1500円と現行最賃額との差額最大約400円相当を企業主に補助金として支払う、②「生計費非課税」の原則に則り、労働者本人に対して最低生計費時給換算1500円月額25万円までは住民税を非課税とすることなど、豊富な都財政を活かせば様々な政策が実現可能である。

（3）中小企業の振興発展にも最賃1500円は不可欠

　日本の最低賃金制の大きな欠陥は、全国一律でないことに加え、最賃額決定基準に「企業の支払い能力」が入っていることで最賃が最低生計費以下に抑えられていることである。「企業の支払い能力」を最賃額の決定基準に加えている国は開発途上国しかない。しかも中小企業には支払い能力がないのではなく、大企業が中小企業を不公正な取引関係で搾り上げているに過ぎない。中小企業支援といえば「生産力向上」のための設備投資資金に限定され、低額のうえに使い勝手の良くない制度ばかりが喧伝されている。大企業の不公平取引責任を是正するには、法律で最低賃金を大幅に引上げ、東京で98.8％を占める中小企業が賃上げできるよう、最低賃金をテコに取引関係を転換させねばならない。

　米国では、1990年代から各州と契約を結ぶ企業に対して、最低生計費をもとに定めた最低賃金以上の賃金を支払うことを義務付けるリビングウエッジ運動が広がった。現在では、各州ごとに最低生計費を算出し、各州ごとの最低賃金を定めて、全ての企業を対象に支払いを義務付ける制度として定着している。2023年1月には23州が最賃を引き上げ、840万人が恩恵を受け、その地域経済に還元され経済効果も高いと評価されている。ニューヨーク州の最賃は時給

14.2ドル、155円で円換算すると2201円だ。スーパーのレジ係や工事の誘導の仕事が時給2201円、月額に換算して33万円になれば、それ以外の仕事に従事する労働者の賃金の大幅引上げの根拠となる。

最低賃金引上げという法的強制力を持った賃上げの圧力は、大企業との不公平取引を是正させるテコになり、中小企業にとって健全な発展の土台となるのである。

▎3. 都は委託事業者である中小企業の支援を

（1）委託事業に責任を負うべき

東京都が責任を負っている公的事業の民間委託は、公共サービスで働く労働者の雇用を不安定にし、継続的な事業を不安定にし、公共サービスの質の低下を招いている。自治体のサービスを受託している企業や、物品・サービスの納入企業との取引きを改善することによって、そこで働く労働者の大幅賃上げや労働条件の安定的引き上げが可能となり、良好な技術・サービス労働が確保され、結果として都民の税が生かされるようになる。

受託する中小企業や物品・サービスを提供する企業との取引改善とともに、都から対象企業に役員を配置する場合は、相手企業に利益相反が生じない措置をとることが必要である。大企業が100％出資する子会社を使った"大企業価格や規格品の押し付け"に対しては言いなりにならず厳正・公正な対応を行い、冗費を遣わないことも求められている。

（2）（株）東京水道に見る東京都の無責任さ

2020年、東京都は（株）東京水道（以下TW）を設立し、労働者2500人の大企業を誕生させた。TWは水道事業の民営化方針を掲げ、非正規雇用を拡大している。水道局からの発注業務の増大に対応するために総社員数は500人から4.6倍に膨れ上がったが、売り上げ（発注額）は僅か2.4倍に据え置かれている。このままでは賃上げに必要な利益が上がらない仕組みになってしまっている。

TWは旧PUCと合併したが、旧PUC経営と労働組合と締結してきた事前協議合意協定を形骸化させて、重要な事項の団体交渉に応じないなど組合攻撃に

踏み出している。労働組合は東京都労働委員会に誠実に交渉を行うよう申立て、また都知事への要請を繰り返して反撃してきた。またストライキを背景に闘った2023春闘では20年以上のベアゼロを突破して全労働者の60％に最大7000円のベア相当を実現させた。

　都は、水道という都民の命に関わる公的事業を利益追求の場にしようとする姿勢を露わにしており、水道料金の計算作業や料金徴収サービスをTWに一手に担わせている。これは、東京都版「水の民営化」政策といえる。TWは、資本の80.4％を東京都が保有し、外部取締役3名を除いて副社長・常勤取締役・非常勤取締役3名の全てが3年以内に水道局に戻ることとなっている現役役員兼務であり、社長は小池都知事の元特別秘書の野田数氏である。このような役員構成では、子会社の役員が親会社の利益のみを追求してしまい、子会社の価値を毀損するという「利益相反」の恐れもあるといえるのではないだろうか。

（3）東京都は公契約条例制定を

　2006年公共サービス改革法が制定され、公共サービス分野に価格競争が導入され、「税金を使う事業は安ければ安いほど良い」とされた。公共サービスに従事する労働者の賃金は、熟練労働者や専門職であっても最賃ギリギリ、事業者は資材や工程を最低限にまで削らざるを得ない。

　学校建設や図書館、道路や水道など公共サービスの価格破壊が進んだ結果、住民の命が危険にさらされる事態も起きることとなった。2006年埼玉県ふじみ野市で起こった、プール給水口に児童が吸い込まれ死亡した事故をはじめ、安全性が担保されていない実態に対して、「命が危険にさらされている」と社会的批判が強まった。2013年民主党政権時代には、税金を使った事業が貧困＝ワーキングプアを生むことがあってはならないと、公共サービス基本法が制定され、価格引き下げ競争に一定の歯止めがかかった。

　こうした中、公共サービスの質の向上と働く労働者の賃金保障を一体に保障すべきという意識が高まり、公契約法制定運動が高まった。国の法律としては未制定であるが、自治体の条例制定は先行している。全国28道府県で85の自治体が制定している。都内では葛飾区、新宿区、北区、中野区、渋谷区、世田谷区、杉並区、目黒区、墨田区、足立区、千代田区、江戸川区、台東区、日

野市、多摩市、国分寺市、など2023年12月現在16の自治体が制定している。一方、東京都自身は公契約条例を制定していない。各自治体をけん引する立場からも、率先して公契約条例を制定し、公共サービスの質の向上に不可欠な労働者の労働条件向上に寄与することが求められている。

▌4. 非正規職員を正規雇用へ、東京都職員の処遇改善を

（1）都職員に最賃法、労基法の適用を

　公務員の賃金は、原則生計費を基準にして決定されており、これが民間企業の規範となってきた。ところが、現在の公務員賃金の高卒初任給が最低賃金を下まわる事態が起こっている。最賃法を改正して公務員賃金を適用内にする事はもとより、長時間労働を野放しにしている労働基準法の適用除外も改めなければならない。法改正を待たずに、東京都は独自に「処遇の抜本改善」と「労働法、労働諸法制の適用」をはかるべきであろう。まずは都職員の賃金を国に先駆けて、都自らの政策として大幅引き上げを行うことが、求められている。

（2）格差ゼロ！　非正規ゼロ！へ

　東京都が直接雇用する非正規労働者は、6万7944人にのぼる。非正規率は23区は41.5％、三多摩は51.3％にもなる。全ての非正規公務員を無期転換して「非正規ゼロ」とし、当面、時給1500円・月額25万円の最低賃金保障、一時金は正規職員と同率支給を基準に最低でも80％支給を保障することによって、「格差ゼロ」をめざすべきである。

　若年公務員層の生活改善として、都内に住んで結婚して生活することが可能な賃金とすることが求められている。正規職員の高卒者の採用賃金は、現在の18万6000円から最低生計費を償える25万円とすることをはじめ、独立生計の準備を可能にする職員住宅の貸与等も拡充すべきである。東京都の任期付任用職員や、2020年4月から導入された会計年度任用職員制度は廃止し、今すぐ正規職員化して公共サービス向上のための安定した労働力とすることも求められている。

　区市町村の職員の賃金については、都内全域一律水準とするよう、都が引き上げへの支援措置を取ることが必要である。

5. 働きやすく住みやすい東京都を実現するために、労働組合を正当に位置づける

(1) 労働組合の果たす役割は大きい

　都内の労働者数は970万人、労働組合組織率は25.3％で241万4345人が労働組合に加入（2022年度東京都調査）しているが、未加入の労働者は729万人にのぼる。事業所数が多く、しかも大企業本社が集中しているため、日本全体の組織率16.5％よりは高い。しかし、労働組合に加入して交渉したり、職場の労働条件改善を気軽に相談できる環境にない労働者が圧倒的だ。

　労働者が職場に定着し、賃上げや労働条件の改善実現をすることで労働意欲を高めることは、健全な中小企業経営のために重要である。そのためには、労働相談や労働組合加入や組合結成に繋げる労働行政の充実が求められる。東京都の労働相談件数は4万5504件、90％が労働組合のない職場であり、非正規からの相談は1万3386件と35％を占めている。米国では、職場で声を上げ、人間らしく働き生活するに足る賃金や労働条件の改善を求めるために、職場を超えて連帯して闘う労働組合に共感が広がっている。全米自動車労働組合は、10年余にわたる粘り強い活動によって大幅賃上げを勝ち取っている。労働者が生み出した価値を賃金という形で適正に配分することで、消費購買力が拡大し経済が回復することは、米国だけでなく多くの国々の経済発展の状態を見れば明らかである。東京都としても、労働組合が果たす社会的な役割を積極的に評価し、多くの組合結成や争議になった場合の紛争解決に至るまで、行政としての役割を果たすことがますます求められている。

(2) 労働相談センターの飛躍的な拡充を

　東京都の労働相談行政は、「労働情報相談センター」（以下「センター」という）として地域ごとに専門知識を身につけた相談員が配置されている。労働基準監督署や厚労省の出先機関である労働局と異なり、相談の範囲を定めず、幅広く相談を受け付け、斡旋による解決に結びつける優れた役割を果たしている。しかし、相談には予約が必要で、対応する職員が不足している。しかも「センター」は広い東京で千代田区飯田橋、品川区大崎、豊島区池袋、江東区亀戸、

立川多摩事務所の5か所しかなく、管轄する地域は広大である。増大する労働者の相談の場を増やし、専門知識を持つ相談員の拡充が求められている。せめて行政区ごとに相談センターを設置し、幅広い相談窓口に専門の知識を持った職員を配置することは、重要な課題である。

（3）労働委員会制度の充実へ財政的サポートを

　1946年戦後すぐに施行された労働組合法に基づき労働委員会制度がスタートした。その役割は、使用者が労働者の団結権を侵す行為（不当労働行為）があったかを公正に判断し、簡易迅速に労働者を救済できる機関とされている。労働委員会制度は、裁判での判決と異なり、過去の損失補てんにとどまらない柔軟な解決と共に、将来にわたった労使関係を構築できることが大きな利点である。いくつかの例をあげる。

　①　労働組合が結成されて以降、定期昇給や一時金（ボーナス）支給を廃止した企業に対し、不当労働行為と認定し、過去分だけでなく将来の支給も支払いを命じた。

　②　65歳以上の再雇用制度は無いとして組合支部長の65歳再雇用を拒否した事件では、高齢の再雇用者が多数存在することから組合委員長への不利益取扱として不当労働行為が認定され、職場復帰命令が発出された。

　③　労使協定破棄通告に対して、組合活動弱体化を意図したものとしてこれを撤回させ、命令でなく和解協議の中で新たな協定を締結し直した。

　労働委員会は都道府県ごとに設置されており、東京都では学識経験者による公益委員、経営側参与委員、労働組合側参与委員各13人計39人の専門委員が、経験を積み重ねた専門職の事務局と共に年間約100件の新規申し立てを受け付け、継続事件とあわせると約450件の事件を抱えている。減少傾向にあるとはいえ抱える事件数は全国の3分の1を占めている（図表6）。東京都の労働委員会制度は、東京の労働行政を象徴するだけでなく、全国の労働委員会制度をけん引する重要な役割を担っているのである。

　複雑な労働事件の事実関係を解明し、労働組合法等に照らして判断すると共に、労使にとって良い解決に導くには相当な労力を必要とする。その後の労使関係や労働者の生活に負担をかけないためには、事件を迅速に解決する必要が

あるが、実際には解決までに数年がかかり、さらに裁判に持ち込まれる場合もある。公益・参与委員の体制と予算の拡充、事務局人員の増員は、待ったなしの課題である。

図表6：新規件数全国比較

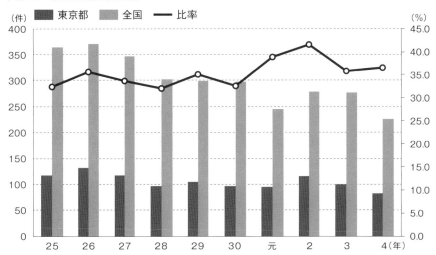

新規係属事件83件のうち、合同労組からの申立て件数は60件（72.3%）（前年70件（70.7%））

出典：「令和4年都労委年報」。

東京都は大学生・大学に支援を──高等教育の教育充実なくして、未来の東京は語れない

　東京都では、約69万人の大学生（短大含む）が学んでいる。全国の大学生は、約266万人である。実に26％の大学生が東京都で学んでいるのである。都道府県別でみると、東京都に次ぎ多い大阪府は、約24万人であり、いかに東京都に大学生が多いかがわかる。東京都は学生の街である。東京都は、東京都で学ぶすべての学生の修学を支援する責任がある。以下、高等教育の現状からみていく。

▌ 1. 高等教育の無償化は国際公約

　学生の進学を支える家計にとって学費負担は、コロナ禍と歴史的な物価高騰による経済的な影響を受けて、いっそう重いものとなっている。日本政府は、国連人権規約の高等教育の漸進的無償化条項を批准しており、計画的に無償化の措置を講ずる義務を負っている。今や、大学を含む高等教育の進学率は8割を超え、無償化にむけた学費負担の軽減は国民の切実な要求である。政府は、すべての若者を対象とする高等教育の無償化政策に着手すべきである。

　ところが、岸田政権は「異次元の少子化対策」を掲げながら、増税と軍事拡大に注力しており、大学の軍事利用を画策している。高等教育無償化には冷淡である。特に高等教育の7割以上を占める私立大学生については、眼中にないと言わんばかりの状態にある。

　政府が責任を放棄する一方で、地方自治体では、独自の支援がはじまっている。東京都でも新たな取り組みがはじめられているが、その支援は極めて限定的なものに留まっている。東京都は、未来の東京を担う若者に、とりわけ高学費で苦しむ学生に対して、高等教育の充実にむけた抜本的な支援策を打ち立てる必要がある。いまこそ、ゆたかな財政を活用すべきである。本章では、高校の実質的な無償化が進む一方で、進まぬ高等教育の無償化が私立大学生を追い詰めている現状と、東京都が取り組みを始めた高等教育への支援について紹介

するとともに、新たな学生への支援策を提案する。

2. 進む高校の無償化

（1）国による高校への就学支援について

　国による高校生への就学支援は対象者や支援額の拡充が行われ、高校の無償化は前進した。2009年、高校の「学費無償化」を政策理念とした「公立高校無償化・私立高校等就学支援金制度法」が成立し、国による私立高校生への直接補助が制度化された。制度施行によって、経済的理由で中退する生徒の割合も、3カ月以上の学費滞納生徒の割合も減少した。私立高校への助成は、国（政府予算）、地方交付税交付金および自治体の独自財源から支出されている。

　国による高等学校等就学支援金制度は、公立高校の在学者に対しては、授業料相当額11万8800円が支給され、授業料負担は実質ゼロである。私立高校等の在学者に対しては、所得に応じて支給額が変わるが、平均授業料を勘案した年額39万6000円を上限に支給されている。所得要件は、両親二人分の市町村税額をもとに算出された額が、①15万4500円以下［モデル例＝両親共働き・高校生の子2人の4人家族で世帯年収約720万円以下］の場合は、最大で支給額39万6000円、②15万4500円以上30万4200円未満［モデル例＝両親共働き・高校生の子2人の4人家族で世帯年収約1070万円未満］の場合は、支給額は11万8800円である。

　高等学校等就学支援金制度は、2022年度予算では、4417億円で、受給者数は255万人である。対象生徒数の337万人のうち約8割が支給を受けている。

　こうした国の支援に加えて、独自の加算を行っている都道府県もある。例えば東京都では私立高校生の就学支援について、年収910万円までの世帯に対し、在学校の授業料を上限として、国の「就学支援金」と合わせて、最大47万5000円（都内私立高校平均授業料相当）まで助成している。

（2）東京都は高校の授業料助成の所得制限を撤廃

　小池百合子都知事は2023年12月5日、都議会で「教育費、とりわけ高校授業料の無償化に大胆に踏み出す」と述べ、「高校授業料の実質無償化」を打ち出した。私立高校の授業料を都内の平均額まで助成する東京都独自の支援制度

について、都は「世帯年収910万円未満」としている現行の所得制限を2024年度に撤廃する。東京都は、所得制限撤廃で要る経費として600億円の予算を計上する方針である。

　東京都内に居住する小学生までの子どもを養育する両親と、ひとり親世帯などを調査対象とする、令和4年度東京都福祉保健基礎調査「東京の子供と家庭」（図表1）によると、親の平均年齢は父が42.3歳、母が40.9歳である。「共働き世帯の割合」は66.7％である。共働き世帯の年収は、「800〜1000万円」の割合が最も高く19.8％である。年収が「1000万円以上」は、38.5％と4割に達する。

　「共働きでない世帯の割合」は33.3％である。共働きでない世帯についてみると、年収は「600〜800万円」の割合が最も高く21.0％である。共働きでない世帯でも、年収が「1000万円以上」は、28.0％と3割に達する。

　上記の調査は、小学生の親であるため、高校の親となれば、年齢を重ねて年収が増加し、910万円以上の世帯は半分程度になっているのではないだろうか。910万円までの所得制限が撤廃されることは、新たに残りの半分近い世帯が対象として加わることになる。東京都は、国に先んじて高校の実質無償化へ大きく踏み出した。

▎3. 私立大学生の家計負担の限界──「私立大学新入生の家計負担調査」から

（1）2022年度調査の特徴

　東京地区私立大学教職員組合連合（東京私大教連）による「私立大学新入生の家計負担調査」（以下、家計負担調査）は、新入生の家庭を対象に、1985年

図表1：世帯の年間収入──世帯類型（母子・父子世帯）別（%）

	収入なし	100万円未満	100〜200万円未満	200〜300万円未満	300〜400万円未満	400〜500万円未満	
共働き世帯（1710世帯）	−	0.3	0.6	1.1	4.5	6.3	
共働きでない世帯（525世帯）	0.4	1.0	1.1	1.9	6.5	8.6	

注：両親世帯2565世帯から、共働きかどうか不明な世帯330世帯を除いた、2235世帯について集計した。
出典：東京都『令和4年度東京都福祉保健基礎調査「東京の子供と家庭」』、36頁。

図表2：受験から入学までの費用

費用の内訳	自宅外通学			自宅通学		
	額（円）	前年度増減額（円）	同増減率（%）	額（円）	前年度増減額（円）	同増減率（%）
受験費用	265,300	11,300	4.4	255,200	1,900	0.8
家　賃	67,300	600	0.9			
敷金・礼金	246,700	11,400	4.8			
生活用品費	319,000	-1,700	-0.5			
初年度納付金（注）	1,357,080	0	0	1,357,080	0	0
合　計	2,255,380	21,600	1	1,612,280	1,900	0.1

注1：初年度納付金は文部科学省「令和3年度私立大学入学者に係る初年度納付金平均額（定員1人当たり）」。
注2：調査当時、2022年度は、文科省が未発表のため、2021年度のデータを使用している。
出典：東京私大教連「私立大学新入生の家計負担調査2022年度」。

度から毎年実施されている。2022年度調査は、早稲田大学、明治大学、中央大学などの1都3県（東京、埼玉、千葉、栃木）の11大学・短大に入学した学生の保護者を対象に実施し、4231件の回答を得た。

　2022年度の調査結果によると、「受験から入学までの費用」は、自宅外通学者は5380円（前年度比2万1600円増）で、自宅通学者は161万2280円（前年度比1900円増）である（図表2）。自宅外通学者の「受験から入学までの費用」は、過去最高額となった。その内訳では、受験料や交通費などの受験

	500～600万円未満	600～800万円未満	800～1000万円未満	1000万円～1200万円未満	1200～1500万円未満	1500万円以上	無回答
	8.4	18.7	19.8	15.9	10.8	11.8	1.8
	13.5	21.0	16.8	11.2	7.6	9.1	1.3

費用が26万5300円（前年度比4％増）、家賃が6万7300円（前年度比0.9％増）、敷金・礼金が24万6700円（前年度比4.8％増）と増加した。自宅通学者は、受験費用は25万5200円（前年度比0.8％増）である。

「受験から入学までの費用」に占める初年度納付金（文部科学省による調査平均135万7080円）の割合は、自宅外通学者で60.2％、自宅通学者で84.2％と高くなっている。自宅通学者と自宅外通学者が占めるそれぞれの割合は、自宅通学者が68.5％で、自宅外通学者が31.5％である。

文部科学省によると、2021年度の初年度納付金135万7080円（前年比0.1％増）は、過去最高額を更新している（図表3）。

高い学費は、家計への負担を圧迫し、仕送り額は、年々減少傾向にある（図表4）。2022年度調査では、仕送り額は8万8600円である。過去最高額だった1994年の12万4900円と比較すると3万6300円（29.1％）も減少している。仕送り額から家賃（6万7300円）をのぞいた生活費は2万1300円であり、一日あたりの生活費を算出すると、わずか710円（2万1300円÷30日）である。食費、教材費、交通費、通信費などを賄うことは到底不可能であり、学生生活を送るためにアルバイトを長時間せざるを得ないという実態を反映している。

奨学金に関する調査項目からも私立大学生の厳しい実態が明らかとなっている。日本学生支援機構などの奨学金希望者は全体で53.7％であるが、その希望者のうち奨学金を申請したのは53.3％である。

図表3：初年度学生納付金（2021年度）（円）

区　　分	授業料	入学金	施設設備	合　　計	増減率
	円	円	円	円	％
文化系学部	815,069	225,651	148,272	1,188,991	0.1
理科系学部	1,136,074	251,029	179,159	1,566,262	△0.0
医歯系学部	2,882,894	1,076,278	931,367	4,890,539	0.8
その他学部	969,074	254,836	235,702	1,459,612	△0.0
全平均	930,943	245,951	180,186	1,357,080	0.1

出典：文科省「令和3年度私立大学入学生に係る初年度学生納付金平均額（定員1人当たり）」。

奨学金を希望したが申請しなかった理由のうち、「申請基準にあわない」が51.0％で、3年連続で5割を超える結果となっている（図表5）。奨学金を希望する多くの学生が基準に合わなくて申請できない理由は、学生支援機構の無利子奨学金、有利子奨学金ともに世帯所得の上限が基準となっているからである。家計負担調査の自由記述には、世帯所得等が申請基準を超えており、やむをえず申請を諦めたという父母の不満の声が寄せられている。

　奨学金を申請しなかった理由は、次いで、「返済義務がある」が22.0％である。奨学金とは名ばかりで借金と同じであるという理解が定着し、低賃金・不

図表4：仕送り額と毎月の家賃の推移（円）

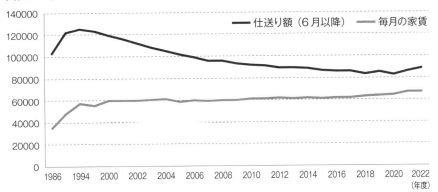

出典：図表1に同じ

図表5：仕送り額と毎月の家賃の推移（円）

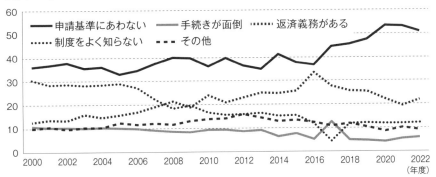

出典：図表1に同じ

安定雇用が広がるなか、返済への不安から奨学金の申請を断念せざるを得ないのである。給付型奨学金の抜本的な拡充が必要である。

（2）家計の「悲鳴」——父母の声から

　家計負担調査に寄せられた父母の声をいくつか紹介する。

　「国公立と私立の教育費負担額に大きな格差があり不平等だと感じる。地方在住者は、学校や学部の選定においても都会在住者と比べて、大きな不利益を感じる。この社会では、富める者とそうでないものの教育や経済格差がさらに拡大し、弱者はいつまでも弱者であり続けなければならない。」（獨協大学）

　「今年度、子供の受験を経験し、受験料・授業料ともにとても高額で大きな負担だなと実感しました。この負担の為に進学を断念する子供もいるのでは？と思います。せめて国公立大と同程度の負担となってもらいたいです。」（明治大学）

　「私立の学費は本当に高額だと思います。一人親の収入だけではかなり厳しいです。奨学金なしでは通うことが出来ません。将来、子供が返済する額を考えると心配と不安です。お金がないと学べない子がいるのは、今後検討しなければいけない課題だと思います。」（明治薬科大学）

　「収入格差＝学力格差＝教育の格差となっている現状を国政の無策ぶりが増長しています。行政を含めて考えてほしいです。」（工学院大学）

　「長男が私大４年次、次男が１年次、どちらもアパートで一人暮らしです。父は民間企業の管理職として年収１千万を超えていますが、奨学金など各種助成金制度は年収上限を超えるとの理由で受けられません。一生懸命働いた結果、国からは何の支援を得られず、高額な税金を問答無用で吸い取られるだけという現状の制度は大いに不満です。頑張ってきた分、自分も家族も報われる社会を希望します。」（獨協大学）

　「我が家は少しだけ収入が多いため、学費の高い６年制の大学に進学したにもかかわらず、奨学金のたぐいは利用できないことを直前になって知りました。金利の高い教育ローンは負担が大きいので、この先も極力使いたくないと思っています。親の収入に関係なく利用できるようにしていただきたいと思ってい

ます。」（明治薬科大学）

　「少子高齢化社会において若者がより良い社会創造に貢献するためには、高等教育の学び、多様性に対応する力が必要です。大学無償化制度（筆者注：高等教育の修学支援新制度のこと）で貧困層の教育へのアクセスは可能になりましたが、中間層は厳しく、学費等の負担が重いです。親の介護等もあり、介護離職となれば、ひとりの収入が減り、支払いが難しくなると心配です。国の発展のためには人材育成が必要です。公私の区別なく助成を希望します。」（中央大学）

　「ひとり親世帯である我が家では母が収入源でしたが、コロナにより失職となってから現在も就活中の状態でございます。本人の学びたい気持ちがあってもお金がないことで進学することをあきらめようとしていました。ですが奨学金を借り入れし進学いたしました。日本の奨学金は学生ローンです。社会人となった日から多額の借金を背負わせるこの国の制度に不満ですし、無償化といっても、すべて無償ではないこの現状をもっと深く考えてほしいです。」（早稲田大学）

　私立大学の学費は極めて高く、多くの私立大学生と学生を支える保護者は、学費と生活費の負担にあえいでいるのである。

▌4. 高学費の原因は、私立大学への補助があまりにも低いこと

　私立大学の高学費の原因は、国が経常費補助を削減し続けているからである。私立大学等経常費補助制度は、私立大学が高等教育において大きな役割を担っていることを踏まえ、国公立大学に比して劣悪な教育条件を改善すること、高学費に苦しむ学生の経済的負担を軽減することを目的として、1970年に創設された。当初は、「経常費の2分の1補助を早期に実現する」が政策目標であった。1975年に私立学校振興助成法が制定された際の国会附帯決議にもこの目標の早期実現が掲げられていたのである。

　大学進学要求の高まりに対応して私立大学全体の規模が拡大し、多くの私立大学が教育・研究条件の改善、教育の向上を図ってきたことにより、経常的経費が増大してきた。私立大学の経常的経費の総額は、3兆1773億円（2015年

度）にもなっているが、補助は3152億円で、補助率は9.9％である。1980年
度の29.5％をピークに下がり続けているのである（図表6）。2016年度からは、
経常的経費総額および補助率の公表すらされていない。

図表6：私立大学等経常費補助・経常的経費の推移（億円、％）

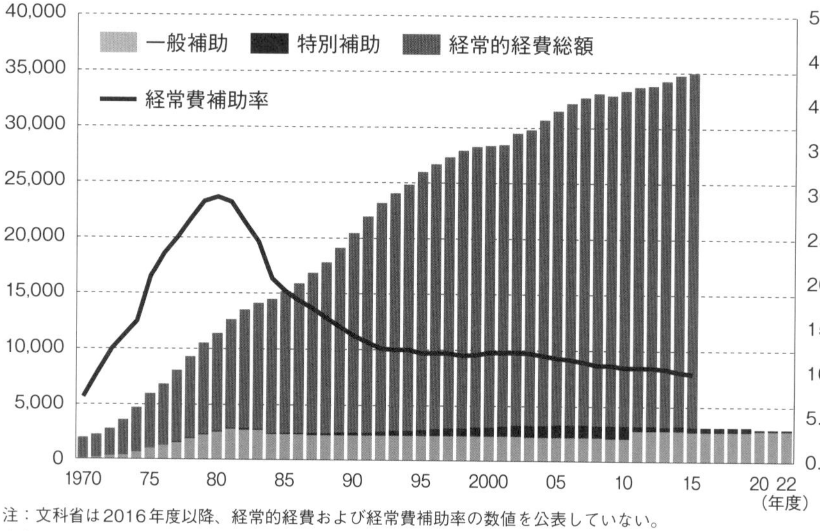

注：文科省は2016年度以降、経常的経費および経常費補助率の数値を公表していない。
出典：日本私立学校振興・共済事業団「私立大学等経常費補助金交付状況の概要」より著者作成。

図表7：公財政支出の私立国立間格差（2021年度当初予算比較）

	私立大学	国立大学	私立：国立
予算額（億円）	2,975	10,838	1：3.6
学校数（校）	920	86	10.7：1
1校当たり額（億円）	3.2	126.0	1：39.3
学生数（人）	2,256,979	597,450	3.8：1
1人当たり額（万円）	13.2	181.4	1：13.7

注1：「学校数」には短期大学（私立）を含む。「学生数」には、大学については学部学生のほか大学院・専攻科・
　　別科の学生数及び聴講生・研究生を含め、短期大学については本科学生のほか専攻科・別科の学生及び聴講生
　　等を含む。
注2：予算額は、私立大学経常費補助当初予算額、国立大学は、運営費交付金当初予算額。
出典：文科省「学校基本調査2021」、2021年度文部科学省予算より著者作成。

法律上は同等の高等教育機関であるにもかかわらず、公財政支出における私立大学と国立大学との間には著しく大きな格差がある。政府の国庫負担額は、学生一人あたり平均額に換算すると、私立大学は13.7万円で、国立大学は181.4万円である。私立大学は国立大学の14分の1にすぎない（図表7）。また、国立大学では施設整備費が措置されているが、私立大学に対しては、基礎的な施設設備に対する補助が皆無に等しい。

▌5. 私立大学生への不十分な修学支援

　2020年4月から「高等教育の修学支援新制度」（以下、修学支援制度）が導入された。授業料等減免・給付型奨学金の両方を受けることができる。しかし、この制度には多くの問題がある。

　第一に、対象を住民税非課税世帯とそれに準ずる世帯（目安年収は約380万円以下）の学生（大学生・専門学校生）に限定していることである。修学支援制度の年収基準があまりにも低い。とくに東京都のような都市部は世帯年収が高いため、進学している世帯のなかで、対象にならない世帯がほとんどである。

　第二に、授業料等減免の額が不十分であることである。住民税非課税世帯の私立大学生の場合、最大でも入学金約26万円、授業料約70万円、合計約96万円までしか減免されない。前述したように、初年度納付金は、平均137万7080円に上る（2021年度）。住民税非課税世帯でも、初年度に約40万円が不足する。学部別にみると、文系学部の初年度納付金は118万8991円であり、理系学部は156万6262円であるので、自己負担が、文系学部は約22万円、理系学部は約60万円生じることになる。

　第三に、対象となる大学等には機関要件があることである。機関要件を満たすためには、実務家教員が担当する授業がおかれていなければならず、学問の自由・大学の自治を侵害しかねない。また、経営状態の良否も判断基準となっている。機関要件に合わない大学に在学する学生（大学生・専門学校生）は、修学支援制度を受けられない結果となる。

　政府は、2024年度から支援対象を拡大するとしている。しかし、子が3人以上の多子世帯と私立の理工農系学部に進学する場合に限定し、年収上限は現行の約380万円から600万円程度に引き上げられる。対象は極めて限られてい

る。「学ぶ権利」の保障という観点が欠落している。

　また修学支援制度導入に伴い、私立大学が独自に行っていた授業料減免事業への補助が廃止された。これにより、年収約381〜841万円の中間層の家庭は減免対象から除外され、負担が増すという後退現象が起こっている。

　さらに私立大学生は、学生支援機構の奨学金について、無利子奨学金の募集枠が国公立大に比して小さい（図表8）。国公立大は、無利子・有利子ともに採用者数の割合が、ほぼ同じであるのに対して、私立大は、有利子の割合が無利子を10ポイント近く上回っている。

　このように修学支援制度等は極めて不十分であり、私立大学生に対してあまりにも冷淡である。

　他方、地方自治体では、国の高等教育無償化の遅れに対して、独自に新たな取り組みをはじめており、紹介する。

図表8：奨学金採用者数の入学者数に占める割合（学部、2020年度）

		新規採用数（人）	入学者数（人）	採用者数の割合(%)
第一種 無利子	私　立	89,832	503,199	17.9
	国　立	17,753	98,365	18
	公　立	7,914	33,439	23.7
		新規採用数	入学者数	採用者数の割合(%)
第二種 有利子	私　立	139,182	503,199	27.7
	国　立	18,287	98,365	18.6
	公　立	7,902	33,439	23.6

出典：日本学生支援機構「JASSO年報」、文科省「学校基本調査2020」より著者作成。

6. 東京都による新たな取り組み

（1）すべての大学生を対象とする都営住宅の活用と奨学金返済の負担軽減

　東京都では、大学生・卒業生への支援がはじまっている。東京都の取り組みを紹介する。

一つ目は、都営住宅への学生入居である。東京都は、2022年3月より、「大学と連携した学生入居による地域コミュニティ支援事業」として、地域の活性化と結びつけて、都営住宅への大学生入居を支援する取り組みを始めている。都内の大学と協定を結び、その大学の学生が都営住宅に居住して、団地の自治会が行う活動に協力するなど、都営住宅や地域のコミュニティ活動を支援する取り組みである。現在、東洋大学、武蔵野大学、法政大学などの9つの大学が協定を締結している。学生は、少ない家賃負担で入居することができ、地域コミュニティの一員として活動に参加することで、地域の活性化の担い手にもなる。

　二つ目は、奨学金返済の負担軽減策である。東京都は、2022年4月から、人手不足の中小企業（建設・IT・ものづくり分野）への技術者の確保を支援する取り組みと結びつけた「中小企業人材確保のための奨学金返還支援事業」を導入した。人手不足の中小企業が奨学金の貸与を受けている大学生等を技術者として採用する際、返済費用の一部を都が負担する。具体的には、奨学金の貸与を受けている大学生等が都内中小企業（建設・IT・ものづくり分野）に技術者（正規雇用労働者）として就職し、1年間継続して勤務した場合、中小企業等と東京都が2分の1ずつ負担して奨学金返還費用相当額の一部を3年間にわたり助成する。大学生等が3年間で助成される額は、①30万円、②72万円、③150万円の3パターンである。助成額は、中小企業等が希望する額を選択する。現在（2023年8月）、99社が登録を行っている。東京都は、2023年度予算で1億3000万円を措置している。

（2）東京都立大の学費負担軽減の取り組み

　さらに東京都は直接、大学生の学費負担軽減の取り組みを開始した。対象は、東京都立大学（以下、都立大）及び東京都立産業技術高等専門学校（以下、都立産技高専）に通う学生である。

　都立大の授業料は、年間で52万800円である。都立大の現在の授業料減免制度は、生計維持者が都内に在住するか否かに関わらず、世帯年収で478万円未満の世帯の学生（年収は、父・母・本人・中学生の4人世帯、自宅通学をモデルに概算した目安）は、全額免除となり、世帯年収674万円未満の世帯の学

生は半額の約26万円が免除となる。国の修学支援制度と比して、年収基準や支援額で手厚い支援が行われている。

　また本制度は、国の修学支援制度と同時に利用できる。つまり、修学支援制度の対象の給付奨学生は、都立大独自の本制度により全額免除となり、授業料を支払う必要がなくなる。そのため、給付奨学金の全額（年間で自宅生は約35万円、自宅外生は約80万円）を授業料の支払い以外に使用することができるのである。非常に手厚い支援である。

　東京都は、生計維持者が都内に在住する学生に限っては、これまでの世帯年収478万円の所得制限を撤廃するとした。2024年度から、都立大及び都立産技高専の授業料が実質無償となった。これにより、新たに3000人の学生が対象となり、約15億円の予算を計上するとしている。

　また授業料減免とは別に、都立大では、「東京都の住民」に対して、入学金半額という措置が行われている。「東京都の住民」とは、本人又はその者の配偶者もしくは一親等の親族が、入学の日の1年前から引き続き東京都内に住所を有する者をいう。

　このように東京都は、都立大の学生については、国が行っている修学支援を超える支援を行っている。東京都には67万人の大学生がいる。このうち63万人が私立大学である。東京都の大学に通う私立大学生に支援を拡大する方向が生まれてくることを期待したい。

▎7. 東京都に求めたい修学支援策

　東京都では、新たな学生支援の取り組みが始まったところである。しかし一番苦しんでいる私立の学生（大学生・専門学校生）への修学支援は全く不十分である。東京都に対して、国公私立の区別なく、すべての学生（大学生・専門学校生）を対象とした以下の5点を求める。

　①　国の高等教育修学支援制度の対象となっていない学生を対象に、授業料減免、給付奨学金の支給を行うこと。

　②　東京都立大学が「東京都の住民」に対して、入学金を半額とする措置を行っているように、東京都に所在する大学へ入学した学生を対象に、入学

金を半額とする補助を行うこと。

③　東京都に所在する大学に通っている自宅外通学生に対し、家賃補助として給付金を支給すること。

④　「中小企業人材確保のための奨学金返還支援事業」を拡充するなどして、大学生のときに貸与を受けた奨学金の返済を支援する措置を行うこと。

⑤　東京都として、高等教育を担当する課を設置して、高等教育の振興、学生の支援に関する基本方針を策定すること。

1つ目は、東京都は、私立高校生の就学支援について国基準を超える助成を行っているのと同様に、また都立大の学生に国の修学支援を超える支援を行っているのと同様に、東京都に所在する大学に通う学生に対して国の修学支援を超える支援を行うべきである。

2つ目は、東京都に所在する大学に通うすべての学生に対して、入学金を半額とする支援策の拡充などの取り組みを進めるべきである。入学金を半額とする支援策には、いくらの財源が必要であろうか。文部科学省による2023年度の入学生数と各大学の入学金から試算を行った。なお試算上は、大学・短大としているが、支援策の対象は、大学だけでなく、専門学校も対象とすべきである。

〔試算〕
〈入学金半額の措置を東京都に所在する大学へ入学した全入学者に適用する場合〉
● 入学金：私立大学　24万5951円、国立大学　28万2000円、都立大28万2000円
● 入学者数：私立（短大含む）　14万8406人、国立1万115人、公立1654人　合計16万175人
　私立大学生　12万2975円×14万8406人＝182億5022万7850円
　国立大学生　14万1000円×1万115人＝14億円2621万5000円
　公立大学生　14万1000円×1654人＝2億3321万4000円
　合計　199億965万6850円

注1：入学者数は、文部科学省「令和4年度　学校基本調査報告書（高等教育機関編）」（2023年3月）。
注2：私立大学・国立大学の入学金は、文部科学省「国公私立大学の授業料の推移」。公立大学の入学金は、都立大の入学金としている。

入学金半額の措置を、東京都に所在する大学へ入学した全入学者に広げるとすると、約200億円あれば可能である。東京オリンピック・パラリンピックの大会経費は、約1兆4238億円で、このうち5965億円が東京都の負担とされている。オリパラの次は、学費負担を軽減し、無償化をめざす高等教育政策への大転換が望まれる。

　この約200億円は、東京都が保有している金融資産5兆円のうち、わずか0.4％であり、東京都のゆたかな財政から十分実現可能な額である。

　3つ目は、自宅外通学生への生活支援である。東京都内の学生は、出身地を離れてアパート等を借りて生活する自宅外通学生が少なくない。東京私大教連の「2022年度私立大学新入生の家計負担調査」では、家賃平均は月額6万7300円であり、平均仕送り月額8万8600円の実に76.0％を家賃に充てており、家賃補助は学生の生活支援として実効的な手段である。

　4つ目は、東京都が取り組んでいる「中小企業人材確保のための奨学金返還支援事業」の拡充である。具体的には、①予算額を増額すること、②対象企業の業種を拡充すること、③中小企業に限定せずにすべての企業を対象とすること、④企業の「負担金額」の割合を現行2分の1より引き下げること、を行うべきである。

　5つ目は、高等教育を振興する方針・計画をもつことは、知の拠点たる大学が集積する東京に不可欠である。東京都として、高等教育を担当する課を設置して、高等教育の振興、学生の支援に関する基本方針を策定すべきである。

　こうした私立大学生を含む修学支援の取り組みは、東京都の少子化対策としても重要な施策となるのである。

▌8. 東京都は大学生に支援を──若者の未来を拓く東京へ

　本来、高等教育の無償化は、国の責任においてただちに実行されなければならない。政府は、私立大学生のおかれている劣悪な現状に目を背けることなく、すべての若者を対象にした高等教育の無償化に一刻も早く着手すべきである。ところが政府が、実際に行っている施策は、私立大学の淘汰政策であり、私立大学生支援の永遠の先送りである。軍事費予算拡充の影で、社会の重要な担い手となっている私立大学と私立大学生の支援には、まったく目が向けられてい

ないといってもよい。

　東京都は、未来を担う若者が十分な高等教育を受けられずにいる現状に対して支援を行う責任がある。69万人の大学生を支援せずして、明るい東京の未来はない。

CHAPTER 7　産前・産後の母と子の健康を支えよう

1. 出産は尊いことなのに福祉の谷間となっている

（1）母子保健活動の原型と衰退

　我が国に「七才までは神のうち」「子どもを神として信仰し崇拝する」子ども観があった。

　村社会で、この世に誕生した子どもは神様からの授かりもの、新生児はか弱く壊れ易いから周囲の大人たちは、祝福し、協働で大切に保護するという時代が続いた。

　一方では、1945年敗戦前まで富国強兵の国策に載せられ、「産めよ、増やせよ！」であったが、敗戦後には「産むな、増やすな！」の政策へと変わり、女性たちは翻弄された。

　敗戦までの出産は、尋常小学校区に1名程、全国津々浦々に産婆が居り、新嫁が嫁いで来た時から慈しむように人口100人対1名ほどの顔が見える関係で、妊娠中の健康管理、出産準備教育、産気づいたら自宅に赴きお産のお世話をしていた。産後は7〜10日間、局部の手当、新生児期の健康状態を観察し沐浴の世話、母乳が出るよう乳房の手当も施し、毎日訪問した。母子を大切にした産前・産後のケアを提供し、小学校入学までの健やかな成長を見守る役割機能を発揮していた。

　このように正常出産では、助産師が独占業務として産婆育成活動と一体化した「母子保健活動の原型」があった。

　ところが、戦後に進駐軍連合軍最高司令官総司令部（GHQ）は、米国に産婆職がいなかったので、占領国日本の医療改革・近代化と称して医師を中心とする米国モデルの産科医療施設へ産婆を組込み、産婆育成は看護教育に上乗せする組み換えをした。1948年保健師助産師看護師法が制定され、産婆は「助産婦」と改称された。ここから、健康な女性の在宅出産が減少し、母と子の「上質マン・ツー・マンケア」の衰退が始まった。

（2）切れ目のない改訂産後ケアの嘘！『失われた３日間』の大きな代償

　1960（昭和35）年、医療施設分娩が在宅分娩を上回り、助産婦は病院で働くようになり、産科医療で、産科医師の正常出産介入が加速した。ヒトの健康な生理的営み、当たり前の「産まれ出る力と産み出すメカニズムの巧みなコラボレーション」に対して、過度の医学的社会的人為的介入が増えた。

　1970年代に、プロスタグランディンなど陣痛開始・促進の生化学的メカニズムが解明され、社会的都合で出産日や分娩時間を週日の日中に制御する、いわゆる「計画分娩」が横行した。しかし、事故も発生し、1980年代には、産む主体である女性たちの安心で安全で快適な分娩、人間的な出産方法への研究が進み、再び自然分娩への回帰となった。

　ところが、社会経済でバブルが弾けた1990年代から、米国医療の影を追ってコストダウン＝総医療費抑制政策のために、母子の産後入院期間は、８日間から５日間に短縮されてしまった。米国の産科医療では『ドライブ・スルー出産』、すなわち、入院し出産したら翌日には退院する……ようになった。筆者もRDL（陣痛期・分娩・産褥期を同じ部屋で）方式の産科医療を視察してきたが、決して母子に優しい産科医療ではなく、影を追わなくてもよかったのである。

　この短縮で現れた『失われた３日間』は、女性が母親となる極めて重要なケアを必要とする時期であるのに、社会が変化し実母や縁故者に依存できなくなっていた自宅へ返され、母子保健・母子福祉の谷間となり30年が経過した。核家族化、高学歴化に伴い初産時期は20代から30代へ、実母たちも高齢化し産後のお世話が困難となり、コロナ禍でさらに孤立した産後生活が露呈した。

　保健所主導の母子保健サービスは、『失われた３日間』を担保する地域母子保健計画を立案し実施できなかった。なぜなら、1980年代からの保健所再編により保健所数は半減し、保健師配置数も合理化された。予防医学の砦は、従来から効率重視、母子保健事業も「問題発見型・ハイリスク対象発見型サービス（Problem Approach）」で仕組まれ、突き詰めれば、無責任な我が国お得意の安上がりサービスが続いてきたのである。

　『失われた３日間』を担保できる助産婦を配置した保健所は、全国でも極限られた地区のみで、産後母子のケアは蔑ろにされたのである。新生児訪問活動も赤ちゃん全戸訪問も、実践的な身体的ケアを禁止したサービスであることを

断言し伝達したい。新生児訪問指導が、ニーズの高い退院直後の時期に実施する限定もされなかった。

　『失われた3日間』というのは、退院直後の心身体調回復と、特に、産後最大の悩みであり児を育む上での重要課題の母乳育児「安楽な乳房ケア」や育児技術支援もなく、基本的な衣・食・住など産後生活環境を支える最も家事支援が必要な時期なのにされず、孤立した母親たちの育児不安は一期に増大した。

（3）多胎妊娠出産の増加は育児困難を増やした

　さらに、性的な活動は10代から始まっていても結婚年齢の遅れから高齢出産が増え、加齢と外因性環境ホルモンの影響で男性不妊も徐々に増え、生殖補助医療による妊娠は16人に1人（出生約5万7000人／総出生数 91万8000人）となった（日本産婦人科学会、2021）。

　1970年代から使われ始めた排卵促進剤によって複数の卵子が排卵するようになり、さらに1980年後半から増えた体外受精の影響である。これは、世界共通であるとされている。

　2020年の全国平均で、分娩1000に対し10.3分娩が双胎（ふたご）であった。

　日本産科婦人科学会が公表する2020年（最新版）データを用いた日本の不妊治療実績は、2020年の不妊治療実績件数は44万9900件であり、治療法別では着床率の高さから凍結融解胚（卵）が21万5285件で微増し、不妊治療実績件数のピークは40歳における3万6049件であった。

　図表1は、単胎と双胎を含む品胎（三つ子）など複産の出産1000に対する割合である。

　この不妊治療が誘因となり多胎妊娠が増え、単胎でも大変なのに多胎児出産で多大な育児困難となり、双胎児の片児が受けたネグレクトによる死亡事例報告で、多胎児出産後の支援が重要課題となった。

（4）「混合病棟化」推進は産科病棟の助産師も苦しめている

　昨今は病院内の病床稼働率アップをねらい、産科病棟に一般看護女性患者が入院する「混合病化」が進んだ。2012年には全分娩取り扱い施設の83%が混合病棟となり、助産師は、一般患者を看護しながら分娩・産後のケアを担うよ

図表1：出生数1000に対する複産の割合

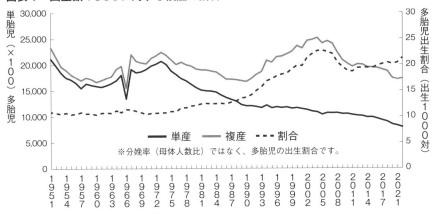

出典：一般社団法人日本多胎児支援協会「都道府県別　複産分娩率2022年版」、52頁。

うになった。

　これは、産後ママへ専門的ケアを提供する専門職の活動を大変苦しめている[1]。就労絶対数が3万7940名（2021年度衛生行政報告厚労省）と少ない助産師は、病院や有床診療所で多忙を極め、短縮した産後入院期間に、母親が自立できるまでの手厚いケアの提供が困難となり産科医療は劣化している。

　「失われた3日間」、それは、母親となる極めて重要な時期である。衣・食・住を安定させ、母乳育児を順調にできるようになるには信頼できる専門家が支えて初めて自己効力感が高められ[2]、産後うつも予防し、母子関係形成障害（ボンディング障害）による嬰児殺し、小児虐待を予防する極めて重要な時期なのである。

　「失われた3日間」は、過去30年間の産科医療と母子保健サービスの後退が作り出した母子保健・母子福祉の谷間、歴然とした妊娠から産後までのケアの「切れ目」である。

（5）地域開業助産師の活躍を支える地域産科医療システムの構築を

　加えて述べるならば、厚生労働省は、医療法を改悪し、医療法第19条で「地域の熟練助産師が、地域開業産科医を嘱託医にしなければ正常分娩取り扱い施

※1：中村採希子、正岡経子、植木瞳「産科混合病棟で勤務する助産師に関する国内の研究動向と今後の課題」「札幌医科大学雑誌」（11），15-21,2022.
※2：A.バンデューラ、原野広太郎監訳『社会的学習理論』金子書房、1979年。

設となれない」という足かせを創った。地域の産科医は高齢化し廃業が進む見通しを無視した法的改正であった。

むしろ、全国の都道府県で構築された新生児搬送システムの「中核病院が分娩取り扱い助産所と連携できる」ことが必要だった。厚生労働省は、医療的過介入がない正常分娩を取り扱う助産師による健全な地域助産活動を遠ざけることになった。

昨今の産科医師不足から、分娩取り扱い産科有床診療所は減少の一途で、お産難民も増えている。正常分娩は熟練地域開業助産師が担い、ハイリスク妊娠、ハイリスク分娩は産科医が活躍するよう機能分化をすることは、医師の働き方改革にも大変良きことである。中核病院がオープンシステムで地域熟練助産師と連携することで、若き助産師への技術移転を促進することもできる。

オランダは、助産師が大活躍している国であるが、「出産は病気ではない」とする国民意識が高く、「世界で最も幸せなのはオランダの赤ちゃん」と評されている。チルドレン・ファーストにも記載があるではないか。在宅分娩率は30％近く、産後8週間まで「クラムゾルフ※3」（いわゆる産後ドゥーラ）が助産師と活動し、産後の家事育児支援を提供している。

「失われた3日間」対策は、退院直後からの「助産師と産後ドゥーラの訪問ケア活動」で出産家庭を支援する、産後ケアの社会化、子育て世代包括産後ケアシステム創設が最重要課題であり急務であろう。

▌2. 全ての母子へ産後うつと小児虐待に対する予防的ケアを（Population Approach）

昨今は、いのちの始まりの時期からこどもの権利が蔑ろにされ、悲惨な実態報告が報道から消えない。それらの帰結として、虐待を受けたこどもたちは児童相談所へ保護される。東京都の児童相談所は、かつて1か所だったのが2023年までに8か所となり、一時保護預かり児童は常に定員オーバーで満杯と聞いている。

（1）全ての母子へ予防的ケアを自己負担なく届けきるパラダイムの転換

妊娠期から出産、産後間もない時期に、祝福され温かく慈しむ産後ケアは、

※3：クラムゾルフ：オランダの国家公務員。産後の家庭訪問による家事育児サポート職である。

「全ての母子へ予防的ケア（Population Approach）」として、自己負担なく届けきる施策へのパラダイムの転換が必要だ。

　保健所中心の従来型母子保健事業は、フィンランドの『ネウボラ母子施策』が都合よくモデルにされたが、あきらかな誤算を内在していた。本質的に必要な内容をモデルとしていないからである。

　第1の誤算：東京都は、東京ママパパ応援事業で、「赤ちゃんファースト」と称し、産後育児用品を段ボール箱にセットして届ける有形物質配布モデルを「必須事業」とした。妊娠初期に5万円、産後に5万円など合わせて10万円分の物や出張派遣プレゼントは、出産したカップルにはそれなりに役立つ。しかし、利権誘導の危険と無駄を孕んでいた。

　第2の誤算：真に心身を回復することができ母親のエンパワーメントに繋がるのは、無形の専門的技術ケアをしっかりと届けることである。これを重視せず、保健所サービスは口頭の保健指導や案内であること。規制緩和で公立保育所を廃止し保育施設が民間委託となり、多数の公務員熟練保育士は、年度内雇用（非常勤）をする子ども家庭支援センターや、民間保育園や、ベビーシッター法人に吸収された。

　それは、産後43日以降の子育て支援サービスには繋がったが、「43日以内の新生児や乳幼児とその母親たちへの手厚いケア」に具現せず、時期外れの子育て支援実施であり、『失われた3日間』という谷間は解消されなかった。

　第3の誤算：フィンランド保健師は、産後の母の身体的ケアができる基礎教育を受けているが、日本の保健師は、周産期の身体的援助技術教育を受けていない。地域の熟練助産師との連携は必須である。

　「にこにこ赤ちゃん訪問事業で助産師を雇用しているじゃないか……」と行政は言うだろう。しかし、その訪問では、身体的ケアの提供は禁止され、健康診査と保健指導のみの口頭指導に限定されている。現に毎年10月に公表される実施統計では、助産師は補助訪問員と記述され、専門職名「助産師」の記載もなく統計処理されている。訪問したらその場で助産診断し、必要なケアをリアルタイムで提供する技術があり、実施結果を評価できるようなシステムになっていない。産後の助産ケア提供が遅れタイムリーな支援とならない。厚生労働省は、「改訂産後ケアガイドライン」で『子育て世代包括支援センター』

から助産師訪問ケア（アウトリーチ）を推奨しているが、保健所管理者の意識はあまり変わらず、従来型母子保健訪問活動の行政区がまだまだ多い。

　これらが、大きな誤算である。少子高齢社会対策行政担当者や保健所担当者は、フィンランド母子保健政策「ネウボラ」の本質を理解せず導入し、都合よく従来型に応用したため、『失われた3日間』に提供すべき身体的ケアや基本的産後生活支援が見事に欠落した状況を解決していない。

　『失われた3日間』「産後43日以内」の身体的心理的ケアは、助産師担当が最も適任である。今後は、行政がいかに地域の助産師との連携を進展させるかが重要な鍵であると考える。

（2）産後直ぐに助産師と「認定産後ドゥーラ」を全母子へ

　加えて、助産師と協働する「認定産後ドゥーラ」の早期人材育成が必要である。

　世界で一番しあわせな産後母子は、オランダの母子である。それは、「クラムゾルフ（国家公務員）」と呼ばれる産後ドゥーラが、在宅出産が3割近くあるオランダの母子へ、産後8週間まで家庭訪問し家事育児支援を提供しているからである。東京都子供施策『チルドレン・ファースト』の資料に掲載はあるが、実現する実践目標として掲げられていない。

　2020（令和2）年度から始まった『とうきょうママパパ応援事業』では、「認定産後ドゥーラ」を養成し派遣する事業に対して、東京都が10/10の財源を提供し都内62市区町村が利用できることになっているが、2021（令和3）年度現在、東京23区内では7区のみの利用である。

　改訂母子保健法による「改訂産後ケアガイドライン」は、全国展開するよう発布されたが、残念ながら「努力義務」となっており、受益者自己負担を許容しているために限界が存在することになった。

　すなわち、「改訂産後ケアガイドライン」では3つのタイプの産後ケアを提供するようにした。

　①　1つは、短期入院で産後ケアを受ける。公設「産後ケアセンター」または、既存の産科医療機関に行政が委託契約し一部補助金で出産後中間施設とし、

希望者が短期入院する。

②　2つ目は、助産師の家庭訪問（アウトリーチケア）で産後ケアを受ける。

③　3つ目は、デイケアとして母が児を連れて行き、行政が委託契約をした産科医療機関で産後ケアを受ける。

産後ケアセンターの短期入所には、施設設備とマンパワーが必要で、全産後母子を受け入れるほど存在していない。一部補助はあっても無料ではない。裕福なカップルが利用しやすい。

デイケアは、通所するには児の負担が大きく、出産直後の『失われた3日間』に利用するには相応しくない。

『失われた3日間』とその後の利用では、家庭訪問ケア（アウトリーチ）が最も母子への負担が少なく、家事育児支援職「産後ドゥーラ」とセットで利用できることが肝要だ。しかしシステム構築は遅れている。『失われた3日間』のケアを、全ての母子へ「いのちの始まりからの子どものしあわせ」の環境を保証し、育児困難や母子関係形成障害（ボンディング障害）の予防的ケア（Population Approach）として届けることは、『児童憲章の理念』に基づく急務である。

産科医や精神科医、保健師、助産師、理学療法士、心理士、栄養士、保育士の協働する活動拠点「子育て世代包括支援センター」の整備も、『失われた3日間』を補うシステムであるが遅れている。

▌3. 貧しい産前・産後ケアとなった誘因

この間のコロナ禍は、我が国の産前・産後ケアの劣化を見事に浮き彫りにし、母子の人権を尊重しない低医療費政策・公衆衛生費を削減した政策と関連していることを明らかにした。

政府も地方自治体もPCR検査を制限して実施しなかったために、自然な正常分娩で出産ができたはずの妊産婦が帝王切開分娩になり、それまで夫立会出産が全国で70数％も行われていたのに孤独な出産となった。産後入院中も看護職の直接ケアは、「訪室15分ルール」によって本来のハイタッチケアが提供されないまま退院となり、乳房のセルフケアの方法が解らず、乳腺炎の早期発見が遅れた事例にも多く遭遇した。

筆者は、コロナ禍以前では殆ど遭遇しなかった化膿性乳腺炎へ悪化した産後ママからSOSを受けて訪問したところ、患側乳頭の乳管口から流出する膿の混じった乳汁を発見したのである。まずは乳腺の炎症を治め、化膿を治療する内服薬や静脈内投与を処方ができる医療機関を探して受診をサポートし、処方された抗生物質を内服して炎症が治まった後に乳房治療手技を提供する事例が目立った。

　2022年5月20日全国保健所長会が、コロナ禍の「保健所ひっ迫のメカニズム」を保健所数の推移（suii_temp02.pdf）で報告している。

　そもそも保健所は、1937年の保健所法によって戦争が深まる時代に、国が住民の健康管理を把握する地域官署として警察署と深いつながりをもって設置された。

　しかし、戦後、憲法25条に基づく「保健所法」（1947年）として改正され、第一線の公衆衛生専門技術機関として保健所は再出発した。人口10万人に1カ所の設置基準が定められ、都道府県が主体となって保健所が設置された。また、地域の実情に応じた民主的運営のために「保健所運営協議会」が設けられた。1975年「公衆衛生4原則（ニード指向性、住民の主体的参加、資源の有効活用 、協調と統合）」は、戦前の保健所とは大きく異なる住民自身が健康権の主体となって、運営にも大きく変わる新たな保健所に発展する方向を示した。

　しかし、1980年代以降、特に1990年代になってから、保健所の設置主体が変更され、保健所数減少、保健所機能の後退が続いた。つまり、政府・厚生労働省が、公衆衛生を増進させる国の責務を先頭に立って後退させてきたことに大きな原因がある。すなわち、保健所法が地域保健法に変わり、改正法施行により1995年以降には保健所総数、特に都道府県を設置主体とする保健所数が大きく減少した（図表2）。

　保健所財政については、1964年に運営費補助金が開始され、1986年には保健所運営費交付金約330億円、保健所業務費補助金が約13億円拠出されていた。しかし、1994年には保健所運営費交付金がすべて一般財源化され、2007年には保健所業務費も全て一般財源化された。2002年からの小泉構造改革で社会保障費が、なんと1兆1000憶円も削減され、1996年から2006年までに全国保健所数は、845か所から535か所に、2017年には481か所と劇減した。

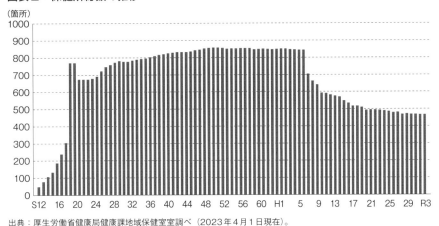

図表２：保健所総数の推移

（箇所）

出典：厚生労働省健康局健康課地域保健室室調べ（2023年４月１日現在）。

このような保健所機能の後退は、現在の新型コロナに対する日本政府の不十分な対応につながった。

　保健所数が削減されずに、公衆衛生４原則に基づく本来の機能を果たしていたら、PCR検査も数多くできていたかも知れない。苦しく不安な出産もなかったかもしれない。母子のストレスも育児困難もこんなに困窮していなかったかもしれない。

　憲法が定める公衆衛生の向上・増進という国の責務が、政府の「行革路線」の結果、大きく後退した。住民の健康権保障の拠点であった保健所機能が壊され、それによる惨憺たる結果を直視する必要がある。

（1）東京都は、財源を振り分ける際に掲げるべき児童憲章を意識しているのか！

　このように、従来も今も、母子保健サービスは、低社会保障費政策に基づく「ハイリスク発見型サービス（Problem Approach）」の事業となっている（図表3）。

　このスタイルでは、解決できないから、産後うつや育児困難、嬰児殺し、母子心中、小児虐待が増加し、改正母子保健法、改正産前産後ケアガイドラインが必要となり、児童福祉法、さらに成育基本法も立法して下記の概念図を導き、

図表3：妊娠・出産・子育てと現行のサービス・支援

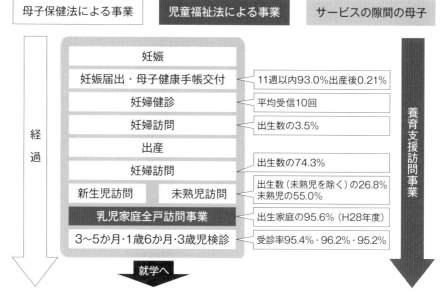

出典：平成29年度厚生労働省「地域保険・健康増進事業報告」。

2001年からの国策「健やか親子'21」は、第2次計画が必要になり継続された（図表4）。

　特に、福祉的対応を必要とする母子は隠れ上手である。出産世代のカップルには低賃金による貧困がある。年間収入の状況から、自己負担を前提とした産後ケアでは行き渡らない状況があり、救えないいのちがある。

　加えて、今日の女性の産後の回復力は、団塊の世代の女性と身体的解剖学的能力に違いがあり低下している。昨今は、高校生時代から腹直筋力の離開があり、骨盤周辺筋力や背筋力も低いためより産後支援が必要である。

　だからこそ、「全ての産後母子を対象とした予防的ケア」、ポピュレーション・アプローチ（Population Approach）が必要である。

（2）東京都の産後事業支援は23区内で大きな格差がありその理念が疑われる

　2001年に、「健やか親子'21」は、母子保健の深刻な現状から国策となり「安

図表4：改定母子保健法、改定母子保健ガイドラインによる利用者事業

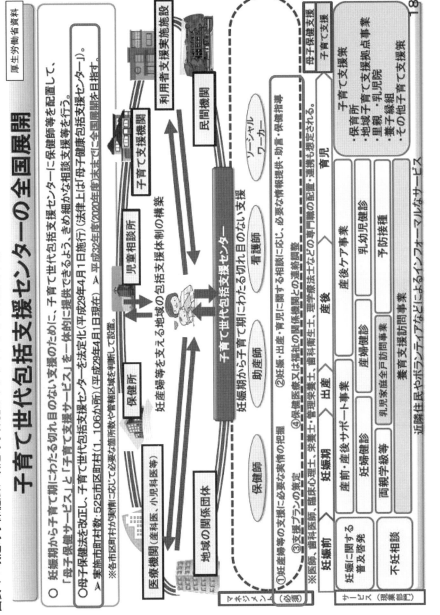

厚生労働省資料

子育て世代包括支援センターの全国展開

○ 妊娠期から子育て期にわたる切れ目のない支援のために、子育て世代包括支援センターに保健師等を配置して、「母子保健サービス」と「子育て支援サービス」を一体的に提供できるよう、きめ細かな相談支援等を行う。

○ 母子保健法を改正し、子育て世代包括支援センターを法定化（平成29年4月1日施行）（法律上は「母子健康包括支援センター」）。
　> 実施市区町村数：525市区町村（1,106か所）（平成29年4月1日現在）　> 平成32年度（2020年度）末までに全国展開を目指す。
　※各市区町村が実情に応じて必要な箇所数や担当区域を判断して設置。

心して子どもを産み、ゆとりを持って健やかに育てるための家庭や地域の環境づくり」と、少子・高齢社会において国民が健康で元気に生活できる社会の実現を図る国民健康づくり運動とした。そして、21世紀の母子保健の主要な取組を提示し、関係者、関係機関・団体が一体となって推進する「国民運動計画」とした。

対象期間は2001年からの10年間であったが、2005年に評価し必要な見直しをした結果、未到達課題が明らかになり、「健やか親子'21」は2014年まで延長された。

厚生労働省は、経過中に母子保健法の一部改正（2019年11月）を行い、2021年4月から市町村における事業実施を「努力義務」とし、また「出産直後から4か月頃までの時期」から改正法施行後は「出産後1年を経過しない女子、乳児」へと対象期間も延長した。

ところが、利用中の児の死亡事例が報告され、厚生労働省は都道府県へ「妊娠・出産包括支援推進事業」として積極的に支援するよう指示を発した。

筆者が、50年間従事してきた助産師の視点で考察すると「いのちの始まりからの子どものしあわせ」が実現していない原因は、以下であると考える。

1つは、厚生労働省は「健やか親子'21」を具現する改定母子保健法と改定産後ケアガイドラインを「努力義務」に留め、決定的完遂力を伴わない施策としたからである。

2つ目に、自己負担額を許し、自治体ごとに任せて本腰を入れない施策としたことである。サービスの有料化は富裕層に活用しやすく、一般層や貧困層には活用しにくく、児童憲章に基づくすべての子どもや母子の人権保障の観点が薄まった。全ての母子へ予防的ケア（Population Approach）として届かないし、自治体ごとの大きな格差を生み出した。

サービスの無料化を予防接種事業のようにすべきであった。

3つ目に、行政機関の職員を減らしたため、財政はあっても事業計画と実施が困難となり回避されてしまった。

「東京ママパパ応援事業」と
東京都に対する私たちの要求

1. 物品配布等の「東京出産応援事業」（総額125億円余り）

　東京都は、2021年から「東京出産応援事業」として10万円のクーポン利用を打ち出した。

　東京都知事が公益財団法人東京都福祉保健財団と契約し、育児用品等提供事業を、2021年度契約額として、125億円、執行額67億396万3200円、事務費7805万456円を報告している。

　図表1の出えん金に係る基金収支状況の受託業者は、新潟県三条市の株式会社ハーモニックであった。

図表1：出えん金に係る基金収支状況　　　　　　　　　　　（単位：円）

	契約額	執行額	残　額
育児用品	12,500,000,000	6,703,963,200	5,796,036,800
事務費	78,650,000	78,050,456	599,544
合　計	12,578,650,000	6,782,613,200	5,796,636,344

出典：「東京都出産応援事業報告」。

　利用者は、インターネット登録窓口から入り、限定業者の育児用品や派遣業者出前料理人、ベビーシッター会社から派遣を受ける等を選択するシステムで、ベビーカー、オムツなど育児用品の他、家事ヘルパーやベビーシッター派遣、料理シェフ派遣など、指定された企業から選ぶよう仕組まれていた。

　助産師など、母子保健専門職からの直接的ケアが届く選択肢はなかった。

　大変不可解だったのは、派遣ヘルパー1件ごとに消毒用ディスペンサーが1個配布され、2回目の派遣時も、すでに配布済みで不要なディスペンサーが重複配布を仕組まれていたことである。物質的な支援は直ちに実施され、中には

1台10万円の空気清浄機購入に充てた事例も含まれていた。一定の事業者への利益誘導的施策とも見受けられた。

　物質的な支援も産後家庭には助かるが、なんと総額67億円を執行し、事務費として7800万円が公益財団へ支払われ、東京都外郭団体への利権の匂いが否めない。

▍2. とうきょうママパパ応援事業の概要

　筆者は、地域活動のなかで、近隣中野区と豊島区の産後ケア提供に大きな差を感知したので、2023年3月に、東京都知事に「とうきょうママパパ応援事業」に関する情報公開請求を申請した。5月13日に結果が届き、20213年度実施報告の内、区部23区データから主な事業の整理分析をしたので報告する。

　図表2の通り、2021年度「とうきょうママパパ応援事業」には、必須事業として①育児パッケージ配布（物品）②保健師等専門職による妊婦全数面接（1回のみ約30分）があり、産前・産後サポート事業として③産後ケア事業（東京都補助率10/10）④ファーストバースデーサポート（誕生日に絵本、プロによる写真撮影等）、⑤産後家事・育児支援事業（殆ど自己負担を創設している）、⑥多胎児育児支援事業、⑦人材育成：産後家事育児サポーター（産後ドゥーラ・ベビーシッター、家事育児ヘルパー）への研修費等助成がある。

　他に、任意事業（継続可）として実施場所の修繕、子育て世代包括支援センター開設準備事業、産婦健康診査事業（産後）に活用できる財源があった。

　これらの事業目的であれば、基本的に区財政からの拠出なく活用することができ、東京都へ申請し実施結果を報告するのである。令和3年度にこの①から⑦までの各事業を、都内23区が東京都少子高齢社会対策部へ申請し、実施した結果を報告しているのでそのデータから実態を分析したので報告する。

（1）23区内の補助金総額と出生1人当たりの事業実施額について

　2021年度の当事業総額は、29.5億円であった。23区内で出生児1人当たりの最多実施額は、中野区の4万3359.9円であった。10位の渋谷区は2万1183円で中野の半額、14位の江東区は1万6849円であった。江東区は、産後ケア事業宿泊型もデイケアも自己負担なく提供し、多胎児支援者育成事業も実施し

図表2：2021年度要求　とうきょうママパパ応援事業について

[予算]　令和3年度　29.5億円
　　　　令和2年度　27.0億円（令和2年度補正　10億円）

[実施主体]　区市町村
[実施期間]　令和2～6年度（5年間）

○都は、平成27年度から「ゆりかご・とうきょう事業」を開始し、妊娠・出産・子育ての切れ目ない支援体制の整備を進める区市町村を支援
○令和2年度から「とうきょうママパパ応援事業」に改名し、産後の家事・育児支援を充実させ、子育て世帯を更に応援（令和2年度 55区市町村実施予定）
○令和3年度は、在宅子育てサポート事業の統合により産後家事・育児支援の対象年齢拡大等を要求

既存の（母子保健事業）	妊娠期	出産	乳児期	幼児期
	母子健康手帳　妊婦健康診査	新生児訪問	3・4か月児健康診査	1歳6か月児健康診査　3歳児健康診査

とうきょうママパパ応援事業

＜必須事業＞
①育児パッケージ配布
②保健師等専門職による妊婦全数面接

・産前・産後サポート事業
③産後ケア事業
　[R2補助率 10/10に拡充]

④ファースト バースデーサポート

⑤産後家事・育児支援事業
・第一子及び出生時の兄・姉の年齢が3歳未満の第二子以降の児で、1歳未満が対象
・家事育児サポーター（※）を派遣し、産後の家事・育児を支援

⑥多胎児家庭支援事業
・3歳未満の多胎児がいる世帯が対象
・家事育児サポーター（※）を派遣し、家事・育児の支援等を実施
・相談支援や交流、母子保健事業利用のための移動支援を実施

⑦人材育成
家事育児サポーター（※産後ケアドゥーラ、ベビーシッター、家事支援等ヘルパー等）への研修費等を補助

<R3対象拡大>
①（第1子）1歳未満
②（多子）1歳未満（兄・姉3歳未満に限る）
→②も3歳児連の支援対象拡大（十兄・姉年齢要件撤廃）
※1歳以上は、未就園児家庭に限る

【任意事業（継続）】実施場所の修繕、子育て世代包括支援センター開設準備事業、産婦健康診査事業

図表3：2021年度 出生1人当たりの額の最多10位まで

順位	地域	出生1人当 (円)	出生数	合計特殊 出生率	補助金総額 (円)	自己負担額など
1	中野区	43,359.9	2334	0.96	101,202,000	家事支援利用額800円スキルアップ研修人材育成受講補助½・上限20万円
2	文京区	36,312.7	1845	1.12	66,997,000	直営
3	目黒区	31,559.9	2179	0.96	68,769,000	家事育児ヘルパー利用1,000円 産後ドゥーラ（にこにこサポート）パソナライフケア
4	足立区	30,763.8	4188	1.1	128,839,000	500円又は800円
5	品川区	30,448.3	3460	1.15	105,351,000	※家事育児支援打ち合わせ：1,000円、支援サービス2,700円/時間上限時間：第1子60時間第2子以降3歳未満180時間第2子以降3歳以上20時間
6	台東区	26,071.8	1463	1.1	38,143,000	家事支援負担額300円/時間(株)明日香他11業者
7	葛飾区	24,962.8	3091	1.14	77,160,000	葛飾日赤Hp100円と区内9医療機関区負担5,000円
8	北区	24,615.9	2562	1.13	63,066,000	事支援1,000円Bシッター「パソナフォスター」2,850円産後ドゥーラ「マ・メール」3,500円
9	江戸川区	23,454.8	4719	※1.2	110,683,000	500円負担
10	渋谷区	20,183.7	1802	1.05	36,371,000	ベビーシッター派遣会社6社コンビスマイル・ミラクス・明日香・ハニークローバー・ジャパンベビーシッターサービス・ポピンズ
14	江東区	16,849.3	3876	※1.2	65,308,000	・宿泊型無料 ・デイケア型無料 ・人材育成多胎児支援者

注：江戸川区と江東区は、合計特殊出生率が1.2と高い（東京都区部平均1.09）自己負担額定額が無料である。
出典：著者作成。

ていた（図表3）。

　当事業は、国民の税金から投入する事業であり、東京都の補助率10/10の事業であるのに、区によって、このように大きな格差があってよいものだろうか。いやあってはならない。

　各区の公務担当者に東京都の事業を周知し請求し企画実施する能力差が反映しているのであろう。あるいは、区職員数が削減されて事業計画立案から実施までの区民のための利益となる事業を展開できないのであろうか。

　東京都担当部である少子高齢社会対策部は、児童憲章の理念に基づき、厳然と存在する大きな格差を詳細に評価し、格差なく事業を完遂するよう各区の担当者への行政指導を怠っているのではないか。

（2）改訂産後ケア事業（宿泊型・デイケア・アウトリーチ型）について

　図表4は、改正産後ケアガイドライン事業で提示している3つのタイプの事業の実施の有無と、宿泊型事業を実施している区における出生児1人当たりの

図表4：改定産後ケア事業（宿泊型・デイケア・訪問）の実施額10位まで

順位	地域	産後ケアガイドライン1人当(円)	宿泊型	宿泊利用率（%）	デイケア	訪問ケア	令和3年度合計特殊出生率
1	台東区	8,297	○		○		1.1
2	新宿区	6,827	○				0.97
3	中野区	6,786	○		○	○	0.96
4	中央区	6,257	○				1.37
5	北区	6,203	○		○		1.13
6	文京区	5,935	○				1.12
7	葛飾区	5,142	○		○	○	1.14
8	港区	4,983	○		○	○	1.27
9	品川区	4,474	○		○	○	1.15
10	豊島区	4,304	○	11			0.93

出典：著者作成。

額から10位までを示した。当たり前であるが、3種類を利用者のニーズに合わせて活用しきるのが良い。『失われた3日間』を退院後直ぐに宿泊型か訪問ケア（アウトリーチ型）で補塡されているかが重要な評価の視点である。詳細は、各区へ聞き取り調査を必要とするが、3つのタイプのケアの提供には、大きなばらつきがある。

　筆者が活動する豊島区は、宿泊型のみの実施である。担当者にアウトリーチの実施計画を陳情したが実現しない。豊島区内に宿泊型産後ケア施設はなく、他区施設へ依頼し、豊島区全出産のわずか11％の母子の利用にとどまっている。公設民営等による宿泊型施設を区内に創設をしないで、デイケアで外出利用を強いるのは産後間もない母子には酷であろう。

　世田谷区は、厚生労働省モデル事業で始まった「産後ケアセンター」を公益社団法人日本助産師会に委託し運営している。助産師による産後ケアを提供しているが、東京都から補助金を受けて、自己負担額1泊4500円、ただしクーポン券を利用すると2000円で予約し利用するシステムとなっている。

　産後ケアガイドライン事業の平均利用額を出生1人当たりに換算し10位までを示した。1位の台東区は8297円、10位は豊島区の4304円で台東区の約半額であり、全母子に利用されていないことが容易に推察できる。2種類、あるいは1種類のみ提供している区もある。

　産後母子がデイケア施設へ行けるのは、産後1か月以降が望ましい。『失われた3日間』は、やはり訪問ケア（アウトリーチ）で、助産師と認定産後ドゥーラがチームとなって産後家庭に赴き支援することが原則であろう。産後の早期訪問ケアは、母子の身体的回復や産後生活を安定させ、小児虐待予防にも有効である。

　昨今の高校女子の背筋力は、大変減退していると指摘されている。筋骨系の筋力の退化も当然である。腹直筋離開は産前から認められ、骨盤支持組織も減退していては、産後の起居動作が産前までに回復する期間が延長し、育児行動の疲労度も高い。マタニティブルーや産後うつ回復にも時間を要することと関連している。母乳授乳が楽に順調に進むことは、産後うつ発現抑制因子であることも明らかにされている。

　これらの3つのタイプの支援事業を、『失われた3日間』に充分に届けるこ

とで、育児困難から解放しよう。子ども1人当たりの、3つのタイプの支援提供の格差も見過ごすことができない大きな問題である。

（3）多胎児家庭（家事育児）支援事業

多胎児家庭支援事業とは、双子を育てる家庭への産後ドゥーラ（認定養成講座修了家事育児サポーター）派遣、育児ヘルパーを派遣し支援する事業で、実施総額の視点で見た（図表5）。

図表5：2021年度 多胎児家庭（家事育児）支援総支出額順

順位	地域	多胎児家庭支援（円）	出生数	合計特殊出生率	多胎児移動支援事業（円）	多胎ピアサポート（円）
1	江東区	25,838,000	3876	1.2	4,998,000	0
2	世田谷区	10,995,000	6326	1.03	999,000	10,905,000
3	江戸川区	10,275,000	4719	1.2	4,244,000	104,000
4	杉並区	7,753,000	4030	0.96	4,800,000	753,000
5	品川区	7,429,000	3460	1.15	5,040,000	0
6	板橋区	3,840,000	3605	0.99	0	37,000
7	台東区	3,790,800	1463	1.1	864,000	55,000
8	葛飾区	3,600,000	3091	1.14	2,002,000	0
9	文京区	2,160,000	1845	1.12	739,992	254,796
10	中野区	1,920,000	2334	0.96	1,223,000	472,000

注：移動事業とはタクシー券の提供、多胎児ピアサポートは多胎児母カフェなど。
出典：著者作成。

昨今の多胎出産は、第7章でも述べたが、不妊治療や生殖補助医療によって増加し、生殖補助による出産件数1000に対して21の割合であると報告されている。

2016年児童虐待防止対策に関する関係府省庁連絡会議幹事会第14次報告によると、多胎児家庭で虐待死となった17児は全て双子であり、生物学的両親

による事例が14例16児で、そうでない両親によるものが3例3児、母親の単独が7例7児、父親の単独が4例6児であった。身体的虐待が12児、ネグレクト（育児放置、授乳怠り）が5児であったと報告されている。

　江東区は、約3170件の出産の内352件の双胎分娩があり、704名出産したと推定するならば、多胎児家庭支援事業総額が第1位の江東区は、2583万8000円を活用し、第2位の出生数575件の双胎分娩で1150名の双子が生まれた世田谷区の倍以上の支援事業で財源を活用していた。利用者への自己負担はなく、産後ドゥーラや家事育児ヘルパーの研修費も提供していた。江東区は、多胎児の移動にタクシー券も提供している。一方、世田谷区は多胎児ピアサポートに約1090万5000円を活用し、多胎児の母親間の交流などにも傑出して費用を活用していた。

　全出生の中の双子の出生数から推定すると、双子出生総数が世田谷の半数余りと推定できる江東区が、倍以上の多胎児家庭支援を活用していることがわかる。

　この事業でも、事業費の都内23区での格差が大変大きく、東京都の担当課では、申請がないからそれでよい……などと軽率な判断をすることなく、格差是正に努力をすべきである。

　とうきょうママパパ応援事業の理念を、各区の担当者へ啓蒙することを怠ることなく実施することが担当課の使命ではないか。

（4）人材育成に対して費やした上位7区の順位

　とうきょうママパパ応援事業では、⑦人材育成：産後家事育児サポーター（産後ドゥーラ・ベビーシッター、家事育児ヘルパー）への研修費等助成も推奨している。⑦の事業の区公務員の企画力は、『失われた3日間』『産後43日以内』の母体の身体的・心理的ケアと家事育児サポートの重要性を認識し、助産師と協働する「認定産後ドゥーラ」育成も、認識し届けようとする熱意の現れであると考える（図表6）。

　8位以下の区は、人材育成事業が0円であった。現代の母の育児困難に対する理解不足、孤独な子育てへの認識能力の欠如であろう。出産直後は、実に雑多なお世話があり支援なしで母親は乗り切れない。都が扱うこととし、都内ど

図表6：2021年度 人材育成に費やした7区の順位

順位	地域	人材育成（円）	出生数	合計特殊出生率	出生1人当（円）	備考
1	品川区	3,212,000	3460	1.15	30,448.3	一般社団法人ドゥーラ協会の講習を受け、受講費用を支払った区内在住者へ認定取得後20万円
2	中野区	3,100,000	2334	0.96	43,359.9	家事支援利用額800円スキルアップ研修人材育成受講補助½・上限20万円
3	港区	1,113,000	2436	1.27	11,070.2	一般社団法人品川港助産師会13名多言語加算通訳6,014,440円
4	江東区	497,000	3876	1.2	16,849.3	・宿泊型無料 ・デイケア型無料 ・人材育成多胎児支援者
5	杉並区	179,000	4030	0.96	19,545.7	保健師10名/助産師12名、家事・育児支援1,000円基礎研修/交流会/料理講習会
6	板橋区	115,000	3605	0.99	13,792.8	育児支援ヘルパーに研修会・ケース研修会
7	世田谷区	13,000	6326	1.03	16,933.6	ツインズプラスサポート事業25事業所、利用者負担なし1回2時間定期的訪問家事支援

注：2位中野区は、産後ドゥーラ受講者へ20万円助成金。8位以下は、0円。
出典：著者作成。

の居住区からの受講者であっても、他県からの受講者にも補助金が出るシステムとしたい。

　日本の出産をめぐる社会環境の変化は、実家の母親や親族が、産後の時期に援助できる状況でなくなった。産後間もない時期の子育ては、本来、原始の時代から複数で支えてするものである。

　高齢者介護については、2000年より介護保険制度を軸に主な担い手であった嫁や娘から介護ヘルパーなどへ社会化を進展させた。同様に、産後の女性と子どもの社会福祉、保健政策として、産後家事育児サポートシステムの社会化

が求められている。

　「いのちの始まりからの子どものしあわせ」を具現するために、『失われた3日間』「産後43日以内」を確実に担保する体制を、可能な限り早期に、全ての母子に届けたい。

　この時期は、新生児・乳児は未定頸であり、外出そのものがリスクであるから、アウトリーチによる産後ケアの提供が、原則的スタイルである。宿泊型には、『失われた3日間』にさらに入所日数を追加し、母乳を楽しく、我が子が可愛いく思える健康な母子関係が自覚され、美味しいオッパイを授乳でき、乳飲み子育てに対する自己効力感を知覚できる日程まで入院できることが肝要である。

　区内に公設民営の宿泊型施設があることを原則とし、希望すれば全員が利用できる量と質を担保する必要がある。通所可能な距離にデイケア施設を配置し、体調不良時にはレスパイトとして母子共々利用できるような環境整備が必要である。

（5）出産費用について

　出産費用に関する調査は、2022年4月「子どもと家族のための緊急提言プロジェクト」が報告している。オンラインアンケート調査で行い、協力団体はNPO法人せたがや子育てネット、松ヶ丘助産院、一般社団法人ドゥーラ協会、NPO法人ピッコラーレ、認定NPO法人びーのびーのであった。
その結果は、以下のように報告された。

- 産支援金の「出産育児一時金42万円」以下で産めた人はわずか7％、「42万円以下」で済んだ人の多くは帝王切開などの医療行為があり保険適用されていた。
- 一時金により自己負担がゼロだった通常分娩の人は、九州や東北などのごく少数であった。
- 出産入院の費用が61万円以上に上廻った（自己負担が19万円以上）人は47.3％で回答者の半数近くを占めた。
- 71万円以上が25.7％。4人に1人は約30万円を超える自己負担をしていた。
- 81万円以上は首都圏を中心に14.6％、91万円以上は9.1％であった。
　調査対象は、2018年1月1日以降に出産した人であり、回答者は47都道府

県から1236件、有効回答1228件であった。

　出産には、経済的負担が多大であり、子どもを産みたくても妊娠出産に踏み切れない現実がある。

　先の章で、東京都23区内平均年収で富裕層が多いのは港区であり、最も低いのは足立区であることが示されたが、1位港区と23位の足立区との年間所得差は789万円もあるなかで、産後ケア事業の23区出生児1人当たりの利用額にも大きな格差があり不平等がある。これを直視し真剣に受け止め、「努力義務」から全員に提供する「行政的義務」への政策転換をして自己負担を撤廃すべきであろう。

▍3. 急がれる児童福祉法改訂について

　2023年度の東京都23区の児童相談所は、荒川区子ども家庭総合センター（児童相談所）、港区児童相談所、豊島区児童相談所、葛飾区児童相談所の4施設が増設され、足立区、北区、杉並区、品川区、江東区と9施設となった。当初の東京都児童相談所が児童相談センターとなっている管轄は、練馬区、小笠原支庁管内、渋谷区、文京区、大島支庁管内、新宿区、中央区、千代田区、台東区、八丈・三宅支庁管内となった。

　このように急増したのは、とりも直さず、虐待通告や、子ども家庭支援センターからの相談事例から保護措置を必要とする0歳から18歳までの子ども達が、大変増えたからである。対象事案となった事例には、適切な援助と保護者への助言・指導等を行い、多忙を極めているであろう。

　出生後間もない新生児期の小児虐待でも、感受性豊かな新生児が受傷した影響はMRIによる脳への損傷が認められ、やがて心理的不安定や発達障害として発現し、心的外傷が認められている。

　そのために、近年、精神安定剤の内服を必要とする保護児童の割合が非常に高い。しかし、現在、児童福祉法で児童相談所職員構成員には、看護師定員が規定されていない。これは、法的な不備である。児童相談所一時的保護所に、3交代制で必要な、適切な人員数の看護師定数を早期に配置し、子どもたちを安全に看護する機能を備えた施設として整備する必要がある[※1]。

　豊島区子ども家庭部児童相談所課長は、創設6か月後に「虐待相談対応件数

※1：三浦由香,豊里武彦「なぜ児童相談所に看護師の配置が必要か——児童福祉法に規定なき看護師が一時保護所にいる理由」オン・ナーシング,2（5）,35-40,看護の科学新社、2023年。

は83件、身体的虐待3件、性的虐待1件、心理的虐待34件、ネグレクト12件で、一時保護定員数は12名（幼児・学齢男子・学齢女子各々4名）であるが、新規一時保護児童数の総保護児童数は23名、幼児5名、学齢男子8名、学齢女子10名であり、定員を大きく上回っている」と報告した。

さらに、課長さんは、「今日、対症療法として保護措置をしているが、本質的に必要なのは、『妊娠期から真に切れ目のない産前・産後ケアの提供によって予防すること』である……」と話された。

基本的に必要なのは、児童相談所に一時保護を要することが発生しないよう「いのちの始まりからの子どものしあわせ」を具現するために『失われた3日間』のツケを解消する、真に切れ目のない産前産後ケアの提供を、喫緊の課題として実現しなければならない。この時期の家庭の中へ入りうる専門職は心身のケアが提供できる助産師であり家事育児支援ができる産後ドゥーラである。子育て世代包括支援センターには、必須のマンパワーである。

▎4. 小池都政の「チルドレン・ファースト」への私たちの要求

小池都政は、2021年3月26日に「東京都こども基本条例」を議員提出により都議会本会議で、全会一致で成立させ同年4月1日に施行した。この条例は「子どもの権利条約」に基づくものであり、条例の制定そのものは大いに歓迎する。

なぜなら、「子どもの権利条約」は、1989年に国連で採択され、1990年国際条約として発効した。

日本は1994年4月22日に批准し、1994年5月22日に発効した。しかし、「子どもの権利条約」を批准し2019年で25周年を迎えた日本は、国連・子どもの権利委員会から2019年2月、日本政府が2017年に提出した最新の報告書に対し、特に以下の点について問題点があるとして、達成されていない緊急に対応すべき課題の指摘として受けた。その指摘とは、以下である。
①差別の禁止、②児童の意見の尊重、③体罰、④家庭環境を奪われた児童、⑤生殖に関する健康及び精神的健康、⑥並びに少年司法

差別の禁止など一部の内容は、初回の勧告から引き続き指摘され、日本で改善がまだまだ進んでいないことが理解できる。全体としてSDGsに沿った取り組みを行うよう要請があった。

そこで、東京都では、この国連勧告を意識して「チルドレン・ファースト」の社会の実現を目指し、子ども目線に立って政策のバージョンアップを不断に図りながら子ども政策を総合的に推進すると称して、都庁内に子ども対策推進室を設置した。そして、子ども政策のさらなる加速につなげていくと、子どもを取り巻く環境を踏まえた子ども政策の課題と今後の政策強化の方向を「チルドレン・ファーストの社会の実現に向けた子ども政策強化の方針2023」を策定したという。

　2022（令和4）年7月東京都「チルドレン・ファースト子供施策の加速に向けた論点整理」の12ページには、「日本の子どもの身体的健康は高いものの精神的幸福度は低い」と、ユニセフによる幸福度調査（38か国中）の結果を掲載している。なんと、精神的幸福度は38か国中37位である。産後間もない乳児が、小児虐待やネグレクトで定員を超えて児童相談所に保護されている現実が理解できる。幸福度1位はオランダの子どもであり、オランダをモデルとした産後8週間までの行き届いた家庭訪問（アウトリーチ）ケアが求められる（図表7）。

　従来から乳幼児健診事業に偏り積み残してきた『失われた3日間』を挽回し、母親へ産後の心身ケアを十分に届ける。そして、母親と家族を育て母子関係を

図表7：日本の子どもの身体的健康は高いものの、精神的幸福度は低い
ユニセフによる子どもの幸福度調査（38か国中）

総合順位	国	精神的幸福度	身体的健康	スキル
1	オランダ	1	9	3
5	フィンランド	12	6	9
7	フランス	7	18	5
14	ドイツ	16	10	21
20	日本	37	1	27

注：ユニセフ「レポートカード16」をもとに作成公表は2020年。
精神的幸福度：生活満足度が高い15歳の割合、15〜19歳の自殺率
身体的健康：5〜14歳の死亡率、5〜19歳の過体重／肥満の割合
スキル：数学・読解力で基礎的習熟度に達している15歳の割合、社会的スキルを身に着けている5歳の割合
出典：「チルドレンファースト子供施策の加速に向けた論点整理」2023年7月東京都、12頁より。

育む専門職による「真に切れ目のない」産後ケア実施を要望する。

東京都の子ども対策推進室は、知事が本部長、副知事・教育長が副本部長、28部署の長が本部員である。少子化対策の役割については、概念として評価する部分も多いが、国連・子どもの権利委員会から指摘を受けている「②児童の意見の尊重」をやたらに意識している感がある。

しかし、その割には、深刻な現場の実情を踏まえたリアルな子ども像を理解して策定したものではないと考える。美辞麗句を並べ、現実を反映しない子供政策は、机上の空論となり言葉遊びとなってしまう。

もちろん、妊娠・出産・産後の検討も記述も含まれていない。産後間もない母親の孤独な苦しみや育児困難な現状を、助産師専門職が参加してその意見を反映した内容がない。

予算の使い方も、都内に多数ある教育機関に目新しいアリバイ的イベントを企画し報告させる使い方をしているように見える。「チルドレン・ファースト」のヒアリングには、タレントや政府や財界、権力者に迎合し都合のいい説を唱える学者知識人など5名を活用している感がある。東京都の現実の子どもたちを知らない人材から聴取し、台なしにしているのはなぜなのか。

東京と市区町村、島嶼の行政活動を基に、それぞれに誠実な検討なしには、真の「チルドレン・ファースト」は実現しない。

「子どもの権利条約」の精神にのっとり、子どもを権利の主体として尊重し、全ての子どもの最善の利益を最優先にするという基本理念を明確化するのは、当たり前の1丁目1番地である。

子どもの安全安心、遊び場、居場所、学び、意見表明、参加、権利擁護等、多岐にわたる子ども政策の基本的な視点を一元的に規定し、子ども施策に係る総合的推進体制の整備について規定したと言っているが、従来の縦割り構造で全部署から職員を一堂に集め、【子ども意見に基づく子ども政策の推進】と簡単に表現するが、意見を届けることが困難な子どもたちをどう救い、全面的な発達ができる環境を保証するのかを考えてほしい。「継続的にアジャイル※2」等と、カタカナ語句を用いて煙に巻くようなことは避け、まさに、子どもを傷つけない真摯な施策としてほしい。

安上がりな施策ではなく必要な施策費を公平に活用するよう行政指導して欲

※2 ：アジャイルとは、「素早い」「機敏な」の意味。ビジネスシーンでの「状況の変化に対して素早く対応すること」を表す言葉。

しい。教育的配慮が整った、子ども達の生きる権利、成長する権利、学び発達する権利、遊ぶ権利を保障する子ども施策にしなくてはならない。

そこで、東京都のチルドレン・ファーストには、以下を盛り込むよう強く要望する。

（1）児童福祉に「いのちのはじまりからの子どものしあわせ」を具現できるよう、妊娠・分娩・産後の周産期ケアの専門職助産師と「認定産後ドゥーラ」を、『失われた3日間』にすべての母子に届け、母親をエンパワーメントする施策を確実に実施すること。

（2）学校へ行けない、居場所のない子どもの支援活動、現場の声を反映した子ども政策にすること。

（3）ヤングケアラーの家庭へ十分な経済的支援を行い、地域介護システムから訪問看護師やケアマネージャー、ヘルパー派遣計画を徹底し、子どもに十分な教育と遊び、発育発達を保証する。

（4）児童相談所担当者が参加し、一時保護児がいなくなる地域保健福祉、教育環境を整えること。児童相談所には、児童福祉法を改正し、看護師の適正定員を確保すること。

（5）教育現場の教諭や、養護教諭、保育園の保育士の報酬を適切に増額し、年間でもっとも多く在籍園児が居る月の査定で保育士の定員を増員するなど労働環境改善を東京都の責任で行う。そして、相互に参加して子どもを囲む各現場に山積する問題を解決するように財政的な支援を行うこと。

豊かな財政を保有する東京都こそが主導し、全国に先駆けて実証することが求められている。

「世界で子どもが一番幸せな国はオランダ」であると「チルドレン・ファースト」で記述し認識している東京都は、そこから学ぼうとせず、参考としないのは何故なのか。

担当部署は「とうきょうママパパ応援事業」の実績を分析し、「子どもの権利条約」の精神で評価するならば、行政区間の格差が明白であり、かつ子ども1人当たりの不平等な事業内容を放置できないはずである。

東京都財政を活用して
国民健康保険の住民負担を減らす

▍1. 医療と介護は自治体財政の特別会計

　東京都下の区市町村予算は、一般会計と特別会計の2つが設置されている。公営企業会計をもっている市もあるが、全国の自治体と共通するのは一般会計と特別会計である。予算書を見ると、この2つを見つけることはたやすい。

　なぜ、この2つに区分されているのだろうか。一般会計が、教育費・福祉費・土木費などの自治体予算を歳出として計上する。その歳出には、国・都・区市町村等の歳入で運営をしている。住民税も歳入の主たる財源として加えてよい。

　一方、特別会計は、医療と介護について、住民税以外に公的保険料として徴収して運営しているために別枠の会計を用意することとなっている。その特別会計は、特殊な会計ではなく、一般会計と切り離された会計と理解することが大切である。そして区市町村には、3つの共通する特別会計がある。「国民健康保険特別会計」「介護保険特別会計」「後期高齢者医療特別会計」の3つである。このように区市町村財政は、「一般会計」と「特別会計」に区分して運営されている。

　財政・予算について住民に知らせていく義務が、自治体に課せられている。広報が主たる伝達手段である。その広報の予算・財政の特集について読む人が少ないと言われている。そして自治体広報は、一般会計について中心的な解説をしている。そのために国保・介護・後期高齢の特別会計の理解について住民の基本的知識として定着していない。

　第9章から第10章は、東京都が行っている「国民健康保険（公営）」「介護保険」を取り上げて、その実態を明らかにしていく。それぞれの行財政分析を行い、都財政をより多く投入することを構想する。本章は、「国民健康保険」について考察を行う。

┃ 2. 国保保険料（税）は上がり続けている

　「払いたくても払えない、国保料（税）を引き下げて！」というタイトルをつけたチラシで、東京社保協・東京民医連・東京土建・東京地評は、2023年「誰もが安心できる国民健康保険制度の実現を求める請願」運動に取り組んできた。請願活動を活性化させるため作成されたチラシは、「10年都民の実質賃金は下がっているのに……国保料（税）は上がりっぱなし！」と窮状を訴えている。

　国民健康保険制度の保険者は、2つに区分される。自治体が運営する「公営国民健康保険制度」と「組合国民健康保険制度」（東京土建・東京都医師・東京弁護士等）である。社会保障をよくする運動が焦点化しているのは、前者の自治体の特別会計で財政運営している「公営国民健康保険制度」であり、その住民負担である保険料（税）が「上がりっぱなし！」を改善することを目指している（以下「国保料（税）」と表記）。

　そして、具体的事例として板橋区は〈2013年から2023年に1.3倍〉へ上がり、八王子市は〈同年比較1.88倍〉に上昇と国保料（税）分析結果を示している。

　社会保障運動や労働組合だけが、国保料（税）上がりっぱなしのことを問題にしているのではない。都庁に影響力を持つ都政新報は、「特別区2023年度国保料率制度改正後最大の上げ幅」（2023年3月7日）と見出しをつけた記事を掲載している。

　「制度改正後」とは、2018年に都道府県が自治体国保財政権限の責任主体となり、区市町村の保険料アップを事実上、強要してきたことを示している。特別区（23区）は、2018年から続く国保保険料（税）の上昇には歯止めがかからず、2023年は最大の上げ幅になってしまった。

　医療費負担が家計を直撃している中で医療皆保険制度は、維持されているだろうか。

　国保料（税）を納入できない場合、3つのペナルティが課せられている。1つは、短期証（3か月程度）の短い国保保険証にすること。2つめは、資格証明書を交付する。資格証明書の場合、医療機関の窓口で全額支払い、国保料（税）が納入されたあとで、自治体の窓口に行って払い戻し（償還払い）をし

てもらう仕組みである。3つめのペナルティは、国保保険証を住民に渡さない「留置」措置も行われている。国保所管に保険証を「留置」できる権限理由は不明確であるが、国保料（税）の支払能力・意思の欠如などによるものとされている。

　かつて国保の実態調査に取り組んでいる時、足立区の当時国保課長の机に大量の「留置」保険証が見つかったことがある。低い所得階層を多く抱えている国民健康保険制度で、3つのペナルティの制裁措置が横行しているとすれば、強烈な医療抑制作用となり、低所得者層から医療難民の増大は避けられない。

　そして日本の医療皆保険制度はすでに崩れていて、その傷が広がっている。

▍3. 国保財政は2018年から都道府県と区市町村の「2重構造」に変化した

　国の政策によって、2018年から都道府県に区市町村よりも強い国保財政権限を与えた。それにより区市町村に国保特別会計が存在していたが、東京都にも「国民健康保険事業会計（特別会計）」が設置された。それまでは東京都は、公営と組合の2つの国民健康保険の財政支出を一般会計で対応していたことから、公営部分については「国民健康保険事業会計（特別会計）」で管理する仕組みに変化した。

　自治体の国保財政は、「都道府県国保財政」と「区市町村国保財政」の2重構造になった。国が自治体国保財政を2重構造にした狙いは、都道府県に優先的な財政権限を持たせて、区市町村から都道府県に納入させる高めの金額を提示して、それを受けて区市町村が都道府県に納入（上納）する金額が上昇して、その負担が国保料（税）に転嫁される料金値上げのメカニズムを導入したことに他ならない。

　東京都の場合、「東京都国民健康保険事業会計（特別会計）」に対して、区市町村が高くなっていく納付額を上納するために、区市町村の国保保険料（税）を上げざるを得ないメカニズムが作用している。

　もう1つの都道府県の役割は、区市町村の一般会計から国保特別会計への「繰出金」を「赤字」と設定して、一般会計からの「繰出金」の全廃を目標としている。これについては、後ほどふれる。

　国保の2重構造化について、『運営協議会委員のための国民健康保険必携

2023』（社会保険出版社、2023年）では、次のように解説している。

「平成30年度（2018年）からの国保の都道府県単位化に伴い、都道府県は、都道府県及び当該都道府県内の市町村の国民健康保険事業の運営に関する方針（国民健康保険運営方針）を定めるものとされました。……新制度においては、都道府県が財政運営の責任主体として中心的な役割を担うこととされている一方、市町村においても地域住民と身近な関係の中、資格管理・保険給付……きめ細かい事業を引き続き担う」

▎ 4.「東京都国民健康保険事業会計」分析

（1）歳入の特徴は、国と東京都の負担を減らしたこと。その穴埋めは、区市町村がかぶる。

図表1の東京都国民健康保険事業会計（特別会計）の決算と予算（以下、都国保特別会計と表記）は、2022年決算と2024年予算の比較分析の結果である。歳入・歳出科目それぞれの解説は割愛する。「予算－決算」の増減をみることで、東京都の国保財政及び行政の特徴を摑むことができる。

歳入の増減を見ると、減少している主な科目は〈国庫支出金・前期高齢者交付金・繰入金〉。増加している科目は〈分担金及負担金〉である。

国民健康保険事業において、国庫支出金は減少していた。東京都財政も国庫と同じように負担を減少させている。「繰入金」減少の原因は、東京都一般会計から都国保特別会計への財政支出を減らしたためである。

前期高齢者は、65歳から74歳までの被保険者を指している。国保の場合は退職者を多く抱えていることもあり、前期高齢者の比率が高い。そのために前期高齢者の比率が低い協会けんぽや大企業を主な構成組織とする健保連（健康保険組合連合会）や共済は、国保会計に対して拠出することとなっている。健保連はじめとして、国保の前期高齢者への保険財政負担と後期高齢者への保険財政負担は、現役世代の負担が増加しているとして、この是正措置を政府に求め続けている。

都国保特別会計において前期高齢者交付金減少は、健保連や協会けんぽ等の要望が通ったことを示唆している。

歳入で減らした穴埋めは、「分担金及負担金」が対応する。2022年決算と

図表1：東京都国民健康保険事業会計（特別会計）の決算と予算

歳　入

	令和4年決算 2022年（a）	令和6年予算 2024年（b）	増減（b）－（a）	
分担金及負担金	434,581,305	473,723,088	39,141,783	
国庫支出金	305,719,588	299,721,976	△5,997,612	
療養給付費等交付金	22,632	0	△22,632	
前期高齢者交付金	236,728,372	232,560,273	△4,168,099	
共同事業交付金	2,157,755	4,033,608	1,875,853	
繰入金	97,504,299	93,355,675	△4,148,624	
その他	33,518,254	22,303,380	△11,214,874	
合　　計	1,110,232,205	1,125,698,000	15,465,795	

出典：「令和4年度決算」は、「令和5年度第3回　東京都国民健康保険運営協議会資料」（2024年2月9日）、
　　　「令和6年予算」は、「東京都・令和6年度特別会計予算説明書」（2024年2月）より著者作成。

2024年予算の差額は、391億円。国と東京都が負担を減らして、「分担金及負担金」が肩代わりをした。この「分担金及負担金」は、都国保特別会計に区市町村から「納入」される科目である。

　分かりやすく言えば、東京都が区市町村へ国保会計の2重構造を活用して「義務的」に負担を増加させたのである。

　「義務的」な都国保特別会計への負担増加に対して、区市町村は国保保険料（税）を上げて充当することになる。国保2重構造の財政メカニズムの帰着は、家計負担の増加である。

（2）歳出の特徴は、後期高齢者支援金の増加、国保加入者の医療費抑制

　歳出科目では、「後期高齢者支援金」が157億円と突出して伸びている。

　都国保特別会計の歳出の特徴は、後期高齢者の支援金が伸びていることである。75歳以上の後期高齢者医療制度は、国保制度とは別枠である。区市町村は、

歳　出　　　　　　　　　　　　　　　　　　　　　　　　　　　　　　　　（千円）

	令和4年決算 2022年（a）	令和6年予算 2024年（b）	増減（b）−（a）
管理費	139,849	258,056	118,207
保険給付費等交付金	842,464,641	842,734,063	269,422
後期高齢者支援金	160,920,330	176,640,869	15,720,539
前期高齢者納付金	430,261	769,450	339,189
介護納付金	73,269,253	71,637,917	△ 1,631,336
共同事業拠出金	1,983,316	4,034,846	2,051,530
その他	20,581,187	29,622,799	9,041,612
合　計	1,099,788,837	1,125,698,000	25,909,163

「後期高齢者医療特別会計」で財政管理を行っているが、東京都の場合は区市町村とは違う。介護と後期高齢者については、東京都の財政管理は、「特別会計」ではなく、「一般会計」で財政管理をしている。

　「後期高齢者支援金」の増額は、東京都後期高齢者医療広域連合への拠出等が増加しているためである。75歳以上の高齢者は増えているために後期高齢者のための医療制度の財政支出増加は社会の反映と言える。

　歳出の問題は、国民健康保険加入者の医療費充当「保険給付費等交付金」が、ほとんど伸びていないことである。東京都国民健康保険の特徴は、高齢者以外の医療費を抑制することである。

▍5.「法定外繰入＝赤字」を反論する

　国及び東京都が、区市町村の国保運営に過剰に介入していることは、一般会計から国保特別会計への「繰入」についてである。区市町村は、住民が医療に

罹りやすくするために、できるだけ保険料（税）を安くする財政措置を取り組んできた。そのためには国保特別会計に一般会計から「繰入」を行い、それを活用して保険料（税）の上げ幅を抑えてきた。

その区市町村の財政政策を根絶やしにするために厚労省の国保所管は、「法定外繰入」という用語を捏造した。捏造というのは、「法定外」の形容に「法律」外というニュアンスを含めるためである。さらに「法定外繰入＝赤字」説を唱え、赤字解消のために都道府県は区市町村に対して「国保財政健全化計画書」を提出させて、その「財政健全化計画書」では「法定外繰入金＝赤字額」という等式を用意した。区市町村国保を揺さぶっている劇薬の等式である。

東京都は、「東京都国保運営指針・2023」の都民意見パブコメに対して次のように回答している。

パブコメを提出した都民は、「自治体による法定外繰入を解消すべき赤字と位置づけているようですが、この位置づけをやめてください」と要望を出した。

これに対して都の考え方として、「国の通知により区市町村において削減・解消すべき赤字は、区市町村の国民健康保険特別会計における『決算補填等目的の法定外一般会計繰入金』とされています」と答えた。
「法定外繰入＝赤字説」を東京都は採用していることが分かる。

東京都は、国保制度が区市町村との2重構造になったことも利用する。

パブコメの「保険料の値上げをしないでください」という意見に対し、都の考え方として「各区市町村の国民健康保険の保険料・保険税の賦課方式や料率は、それぞれの議会で審議が行われ、決定されるものです」と答えた。

まるで国保保険料（税）の値上げについて、東京都は責任がないかのような回答になっている。2重構造は、2枚舌を生み出す。

「法定外繰入」の用語について確認しておく。法定外は、国保の原型となる国民健康保険法の法律外という意味ではない。2000年に地方分権改革がスタートして、国と自治体の関係が大きく変化した。国の行政指導優位に作用する自治体下請制度の「機関委任事務」がなくなり、「自治事務体系」となり、国と自治体との政府間関係は、対等・平等の関係性へと変化した。

そして地方自治が担う仕事の基本は、「自治事務」として、国の介入外とした。国がナショナル・ミニマムを維持する必要性がある場合は、各法律を丸

ごと国の事務とせずに、各法律の中で国の基準・指導に従うべき条文について「法定受託事務」と規定した。

　国民健康保険法も2000年地方分権改革により、原則「自治事務」化された。その上で、いくつかの条文については「法定受託事務」として、国の基準・指導に従うべきものとされている。

　焦点化されている一般会計から国保特別会計への「繰入金」は、地方分権後の国民健康保険法では、「自治事務」「法定受託事務」のどちらの事務に位置づけられているのだろうか。

　「自治事務」である。

　つまり国の介入を受けなくてもよく、それぞれの自治体が団体自治として国民健康保険制度を運用していけばよいのである。国保料（税）についても、国の指導は参考とすればよい。

　国民健康保険法の条文を点検した。一般会計から国保特別会計への繰入は、「法定受託事務」か「自治事務」か、を峻別して確定しなければならない。

　一般会計から国保特別会計への「繰入」について該当する条文は次の２つである。

「第72条の2　都道府県の特別会計への繰入れ」
「第72条の3　市町村の特別会計への繰入等」

　この２つは、「法定受託事務」化されていない。「自治事務」である。東京都の「令和6年度当初予算」で新規事業として「国民健康保険平準化支援事業」（18億8700万円）が計上された。この「平準化支援」の目的は、都内62区市町村の国保料（税）を同一水準・同一保険料（税）にすることである。6年間（令和6年度から11年度）をかけて都内の国保料（税）の「平準化＝同一価格」の本格的実施が開始される。多くの区市町村の国保料（税）は上昇する。少数の区市町村は下がることもありえるが、平準化とは下に合わせるのではなく、上にそろえていくことである。その平準化の基本条文となる「第82条の3　標準保険料率」も「自治事務」だった。東京都は団体自治に立脚して「平準化」手法による「標準保険料率」を確定しなくてもよいのである。

つまり国民健康保険法のうえでは、「法定外繰入＝赤字説」は存在しない。国保法のうえでは、国の基準に準じる必要はなく、それぞれの自治体が固有の自治権により、「繰入額」を決めてよい。

　「法定外繰入＝赤字説」は厚労省の捏造である証拠をもう一つ加える。先に引用をした『運営協議会委員のための国民健康保険必携2023』（114～115頁）では、次のように繰入の内訳を説明している。

　一般会計からの繰入金は、5つに分けることができる。5つとは、「1　保険基盤安定制度による繰入れ」「2　国保財政安定化支援事業としての繰入れ」「3　出産育児一時金に対する繰入れ」「4　事務費の繰入れ」、そして「5　いわゆる福祉医療の波及分」である。

　1～4の詳細は省くが、「繰入れ」ることが国保制度として必要であることは一目で分かるだろう。そして「保険料（税）を安くするための一般会計からの繰入」について、「福祉医療」領域であると明確な位置づけをしている。一般会計から国保特別会計に繰入を行い、保険料（税）をできるだけ抑えることは、国保制度上の「福祉医療財政政策」である。

　福祉と医療を合体化させた区市町村の国民健康保険の自主的な財政政策に対して、国や東京都は、これ以上介入すべきではない。繰入には「福祉医療」領域があることが、国保入門書に明記されている。

▌6. 東京都の国民健康保険改革──医療皆保険回復のために国保料金政策を応能主義（所得割）だけにする

（1）国民健康保険特別会計には、基金（貯金）がある

　区市町村の国保特別会計に、基金（貯金）があることは、この10数年の中で自治体国保改善運動で周知されてきた。議会の論戦においても「国保特別会計の貯金を活用すべき」という主張によって、国保特別会計の貯金額を明らかにさせて、それも活用して保険料（税）を改善した事例は、増えている。

　2重構造化された国保改革運動の今日の課題は、強い財政権限をもった都道府県に対して、平等・公平に依拠した低所得者救済・無保険者の根絶のための財政活用改革の道筋を拓くことである。そこで東京都の国保特別会計に関わる「基金（貯金）」の推移を点検しておく（図表2）。

図表2：「国民健康保険財政安定化基金」残高の年次推移

2019年	2020年	2021年	2022年	2023年
274億6200万円	274億5400万円	219億8200万円	37億9600万円	16億100万円

　2021年までは200億を超える「財政安定化基金」があったが、2022年・2023年はコロナ関連の医療費が増大したことために、基金（貯金）を取り崩した。別な解釈をすれば、東京都の国保基金（貯金）がコロナ危機に役に立ったということである。東京都の国保特別会計の基金（貯金）は、区市町村の医療費増加に対して使えることが分かるだろう。2023年は、16億円と近年では最少の貯金額になった。

(2) 区市町村の「国民健康保険特別会計」に対して東京都負担分を増額する

　東京都国保制度改革構想を示す。

　第1の国保改革構想は、歳入の「分担金及負担金」を半分にすること。2400億円程度減収となる。その分を都「繰入金」を増やす。これにより区市町村の負担が半減する。

　第2の国保改革構想は、東京都独自の料金改革を行い、区市町村の住民の国民健康保険料（税）を下げること。そのために保険料賦課方法の改革構想が必要となる。

　現在は、所得割（応能）と均等割・平等割（応益）によって、保険料を決めている。所得割（応能）を中心とした料金政策は、低所得者に低くなり、高所得者に高くなる。しかし、世帯人数の均等割・平等割（応益）は、所得に関係なく、負担する料金が決められる。応能主義は、低所得者にふさわしい考え方である。「応能」と「応益」の実際は、次のようになっている（図表3）。

　70年代から80年代にわたり、応能比率と応益比率の要求運動は、国保所管に対して、応能比率を下げないことを掲げ続けた。当時、応能70%、応益30%。それが、10年・20年経過すると、現在のような応能59.1%、応益40.8%になってしまった。

　国民健康保険に加入している人の負担を軽減して、生活にゆとりを増加させ

て、安心して受療できるように保険料（税）の大改革が必要である。そのために「応能主義原則を徹底する。応益負担を削除する。」に挑戦することが政策構想としては浮かぶ。

　そして国の国保2重構造システムにおける区市町村国保財政への「お目付け役」東京都から脱却して、必要な財政負担を東京都財政が担う転換を目指すことである。

　その応能主義原則にした場合、東京都が新たに必要とされる追加経費はいくらであろうか。概算の計算は、次のようにできよう。

〈第1・2021（令和3）年　区市町村の国保特別会計の歳入総額は、1兆3327億円〉
（出典：「東京都国民健康保険運営方針」『財政の状況』7頁）

〈第2・歳入に占める「区市町村・国民健康保険事業費」の比率30.8％〉
（出典：『地方財政白書　令和4年度版』「図81　国民健康保険事業の歳入決算の状況（都道府県）」117頁）

〈第3・応益割40.8％〉（図表3参照）

　応能割に純化した場合、1兆3327億円×30.8％×40.8％＝1674億7241万円が減収となる。その1674億7241万円を東京都が財政負担すれば、応益割を削除した場合において、区市町村国保財政は以前と同量の医療費を提供できる。そして国保保険料（税）の算定方法は、家計収入に比例することとなり、低所得層の保険料（税）負担は激減する。保険料（税）を支払うことができなくても保険証を持つ人たちが増えて国民皆保険制度の回復の1つの道筋が拓けてくる。

図表3：応能と応益の実際（％）

	応能割	応益割
東京都	59.1	40.8
特別区	59.5	40.5
市	58.2	41.8
町村	57.4	42.6

出典：「東京都国民健康保険運営方針（改訂版）」2024年2月、15頁。

試算ではあるが、1674億7241万円を全額都財政が負担すれば、応益割をなくすことができる。不可能な数字ではない。

　そのために既存の「東京都国民健康保険運営協議会」だけではなく、新しい都民参加の場づくりも必要になるだろう。委員としては、社会保障運動からの団体代表や東京保険医協会や東京土建や東京民医連などの組織的参加が必要である。生活者の実態や医療現場をよく知っている都民運動団体や医療者組織が、都政に参加していくルートを創り出す。例えば、新しい都民参加として「都民の皆保険回復委員会（仮称）」を立ち上げることも都政の大きな課題である。

（3）区市町村国保証取り上げのペナルティを止めて、都民皆保険制度の回復を推進する

　区市町村による国保保険料（税）未納者に対する「短期証」「資格者書」「留置」のペナルティを原則止める。現在は、その判断権限は区市町村にある。東京都として、医療難民の防止、皆保険制度の崩壊過程を食い止めるために区市町村と協議を重ね、東京都都民が全員、医療保険証をもって受診できるように指導する。東京都の行政指導により区市町村の「短期証」「資格者書」「留置」を原則止める手続を確立する。

　区市町村が被保険者に対してペナルティを課す場合には、事前に「市区町村議会と相談する手続」、「東京都との事前相談」等の慎重な手続のルールを確立する。

　加えて「都民の皆保険回復委員会（仮称）」が設立された場合には、ケース・ケースの事後検証を取り組むことも課題となるであろう。

東京都介護保険事業の現状と改革構想

▌1. どのような介護危機に直面しているか

（1）介護危機の世相

「介護就労者、初の減少（厚労省試算）」（日本経済新聞2023年10月23日）となった。2022年は、介護を離職した人が、新たに働きはじめた人を上回った。減少数は、6万3000人という。2040年には280万人の介護職が必要にもかかわらず70万人不足するとされていたが、離職に歯止めがかからないと加速的な不足数増加の懸念がリアリティを持ち始める。

「特養6割赤字。コロナ前の倍。2022年度　物価高が直撃」（朝日新聞2023年10月16日）と特養の経営悪化が伝えられた。介護分野では在宅も施設も、コロナショックが直撃をして、多くの介護事業所で介護控えが急増した。そして通所利用者は今も、コロナ前を回復していない。介護中小事業者は、"倒産の危機"に直面している。東京商工リサーチの調査（2023年1月11日）によれば、2022年「老人福祉・介護事業」の倒産件数は143件に達し、過去最高と報告された。

こうした介護の社会危機が深刻さを増しているなかで、2024年介護報酬改定が注目を集めた。同時に介護制度の改悪を阻止する世論形成もかつてないほどの広がりをみせている。

（2）歪んだ介護保険を告発する運動の広がり

2023年11月21日、衆議院会館で「史上最悪の改悪実施は、保険詐欺だ」と題する院内集会が開催された。この集会の中心メンバーは、上野千鶴子氏・樋口恵子氏、認知症の家族の会・鎌田松代氏などである。

トリプル改定（診療報酬・介護報酬・障害福祉サービス費）への対抗運動として、介護の改悪阻止の運動をしている上野氏・樋口氏と障害福祉の改悪阻止に取り組んでいる藤井克徳氏（日本障害者協議会代表）・斎藤なを子（きょ

うされん理事長）が共同で緊急声明を2023年12月14日に発表した。これは、前例のない取組みと言われている。「障害分野も介護分野も破綻、そして崩壊の状況に入っている。事業者だけではなく、家族の当事者の生活が成り立たなくなる」という危機感が、分野を超えた連携運動に広がっていった。

　介護保険改悪を許さない署名活動の取組みも旺盛に取り組まれた。この署名の要請事項や請願項目から、当面している「介護保険問題」の焦点を読み取ることができる。

　「UAゼンセン　日本介護クラフトユニオン」は、次の2つの要請事項を掲げた。

　①　介護従事者が、介護の仕事を安心・安定して永く続けることが出来る水準に介護報酬を設定してください。

　②　ご利用者・ご家族そして介護従事者が、理解し納得できるような簡素な仕組みの介護報酬を設定してください。

　「中央社保協・全労連・全日本民医連」は共同して署名活動に取り組んだ。その署名活動の請願項目は、次の4つである。

　①　介護保険の利用に新たな困難をもたらす利用料の引き上げ、要介護1、2の生活援助などの保険はずし、ケアプランの有料化、貸与の福祉用具を購入するなどの見直しを行わないこと。

　②　全額公費により、すべての介護従事者の給与を全産業平均水準まで早急に引き上げること。介護従事者を大幅に増やし、一人夜勤の解消、人員配置基準の引き上げを行うこと。

　③　利用者が安心して介護を受けることができ、介護事業所・従事者が不安なく、介護を提供できるよう、新型コロナ感染症対策を強化すること。

　④　介護保険料、利用料、食費・居住費などの負担軽減、介護報酬の改善など、介護保険制度の抜本的な見直しを行うこと。介護保険財政における国庫負担の割合を大幅に引き上げること。

　これらから、政府が打ち出した介護制度における「ケアプラン有料化」「福祉用具の介護制度内のレンタルから、自費の購入化」などが、第9期（2024〜2026年度）を控えた介護保険改悪の焦点になっていることが分かる。

そして、2023年12月20日に介護報酬1.59％の引き上げが政府から発表された。障害福祉サービス報酬は、1.12％の引き上げ、診療報酬は0.88％引き上げになる。引き下げよりマシとは言えるが、この引き上げ率で介護危機・障害福祉危機が突破できるのか、関係者からは不充分であるという声が出ている。

　介護報酬改定の事業別の基本報酬において、訪問介護は、報酬単価がマイナスとなった。在宅ケアを支える訪問介護のマイナス報酬は、これまで在宅介護を支えてきたケアワーカーたちには冷酷な仕打ちである。と同時に、前述のように介護職の2040年での不足が70万人と予想されているなかで、在宅介護の報酬を下げることは、在宅ケアの後退につながるのではないかという危機感を増幅させていくものであった。

　問題は、国の政策動向だけではない。介護保険の保険者は原則として区市町村になり、介護保険料を管理する「介護保険特別会計」を運営している。その中間の地方政府・都道府県が介護保険で果たす役割についての解明は、不充分だった。

　そこで、本章では東京都の介護行政を明らかにし、東京都に何ができるのか、を考察していく。

▍2. 東京都が行っている介護行政

（1）知られていない東京都介護事業の実態

　東京都の介護財政は、区市町村と違い、特別会計ではなく、一般会計で対応している。介護保険料を徴収して管理運営する保険者は区市町村であり、東京都の制度上の位置づけは、保険者・区市町村を「支援」することになっている。どのような「支援」をしているのか。また東京都独自の介護事業はどのようなメニューになっているのか。これまで明らかにできていない。今回初めて東京都介護保険課所管の事業と予算の一覧を入手することができた。

　介護保険課が行っている介護事業は、41あった。介護事業数は少なくなく、多くの介護事業に取り組んでいる。その中から介護事業金額の多い事業をピックアップする。

　図表1は「東京都介護行財政分析」として、金額の多い事業を選び、ベスト10を示したものである。

3つの注目点を指摘する。

　第1の注目は、最大の予算計上は、1560億9882万円の「介護給付費負担金」であり、その金額が年々増えていることである。令和3年予算（2021）は1422億784万円、令和4年予算（2022）は、1516億987万円。その増加の要

図表1：東京都介護行財政分析（事業別金額ベスト10）（単位・千円）

順位	介護事業名	2023年予算	2022年予算	2021年予算	負担割合
1	介護給付費都負担金	156,097,824	151,509,872	142,207,845	①国：25%、都：12.5%、区市町村：12.5% ②国：20%、都：17.5%、区市町村：12.5%
2	第1号保険料の低所得者軽減強化	3,506,722	3,495,436	3,602,187	国:1/2、都:1/4、区市町村:1/2
3	東京都介護職員宿舎借り上げ支援事業	2,798,918	2,581,077	950,482	都：10/10
4	介護現場改革促進事業	2,396,562	1,986,513	995,223	国:2/3、都:1/3（一部都:10/10）
5	介護人材確保対策事業	2,325,753	2,192,568	1,501,936	国：2/3、都：1/3
6	介護サービス事業所等のサービス提供体制確保事業	1,520,509	879,922	869,924	国：10/10
7	介護の仕事就業促進事業	480,633	542,126	―	国：2/3、都：1/3
8	介護サービス事業所燃料費高騰緊急対策事業	346,540	447,095	―	国：10/10
9	東京都区市町村介護人材対策事業費補助金	310,000	310,000	310,000	国:1/2、都:1/4、区市町村:1/4
10	要介護度等の維持改善に向けた介護事業者の取組促進	215,000	―	―	都：10/10

出典：東京都福祉局高齢者施設推進部介護保険課から提供された「介護保険課事業一覧」より著者作成。

因は、区市町村の特養・老健・介護医療院の施設建設の総量は、減らずに増えていることを示唆している。

都道府県が介護保険制度上負担することになっている「介護給付費負担金」の負担割合も2種類あることが確認できた。介護保険の公費負担、50％、国・25％、残りを都道府県・12.5％、区市町村12.5％がスタートからの原型である。東京都が、17.5％負担する介護保険事業は、施設等給付費の負担及び地域支援事業等である。

第2の注目は、東京都の介護保険事業数の多さである。

ベスト10の上位には、

「第1号保険料の低所得者軽減強化」（35億）、

「介護職員宿舎借り上げ」（27億）、

「人材確保」（23億）、

「介護の仕事就業促進」（4.8億）

などを見ることができる。

ベスト10以外に、東京都の介護保険所管の事業として、介護ケアマネジャー研修や外国人向け事業などがある。

第3の注目は、急速に伸びている介護事業である。

3位になっている「介護宿舎借り上げ」は、急速な伸びとなっている。2021年9億だった予算規模は、2023年27億9897万と3倍化している。宿舎借り上げ事業は、介護だけではなく保育においても制度があり、介護同様に保育の「宿舎借り上げ」事業費は大幅に伸びている。

東京に住んでケア労働に就く場合、都市問題である高家賃に直面する。決して高い賃金ではない。そこで介護労働に就く場合、雇う法人を通して住まい確保の援助をする。「介護宿舎借り上げ」事業は、1人でも多くの介護労働者が東京で暮らしてケアワークに従事するための政策である。

また4位の「介護現場改革」は、そのほとんどが東京都外郭団体「公益財団法人・東京都福祉保健財団」で行われる。その中味は、介護の生産性向上という介護DX（デジタル化）と次世代介護機器（介護ロボット）導入となっている。介護DXと介護ロボット促進は、介護人材の不在を背景としているが、介護市場への参入を目的としたデジタル産業拡大の性格を帯びている。

東京都の介護保険事業は、介護労働者のための施策と介護事業者への支援予算という2重の性格がある。

(2) 東京都単独の介護事業一覧

さらに東京都の独自の介護事業を鮮明にするため東京都単独事業（都負担10割）を選びだした（図表2）。

東京都が10割負担をする単独事業をみても、群を抜いて多いのは「介護職員借り上げ住宅」であった。この事業は、国の制度ではなく、東京都が10割負担をする独自事業であり、予算額は約28億円である。

東京都単独事業の年次別予算の増減は、東京都介護事業の力点の置き方を反映する。

図表2：東京都単独事業（事業負担10割）（単位：千円）

順位	介護事業名	2023年予算	2022予算	2021予算
1	東京都介護職員宿舎借り上げ支援事業	2,798,918	2,581,077	950,482
2	要介護者等の維持改善に向けた介護事業者の取組促進	215,000	0	0
3	東京都介護職員キャリアパス導入促進事業	149,295	265,632	390,226
4	介護職員奨学金返済・育成支援事業	135,112	144,116	127,675
5	在宅要介護者の受入体制整備事業	120,600	185,000	380,000
6	国民健康保険団体連合会苦情処理体制の整備	74,629	74,629	74,629
7	介護保険財政安定化基金貸付金・交付金	70,000	70,000	70,000
8	介護サービス事業所のBCP策定支援事業	25,388	0	0
9	介護支援専門員名簿管理	23,524	22,995	58,824
10	介護保険審査会の運営	1,324	1,349	1,208

出典：図表1と同じ。

2023年から始まった新規事業は2つある。

「要介護者等の維持改善に向けた介護事業者の取組促進」（2億1500万）

「介護サービス事業所のBCP策定支援事業」（2538万）

BCPは事業継続のための計画書づくりのことであり、BCPは2024年度から介護事業者に厚労省が義務化している。

減少した都の単独事業は「東京都介護職員キャリアパス導入促進事業」と「在宅要介護者の受入体制整備事業」だった。

キャリアパスは、介護技術向上の手法として"介護の段位"を上げることで補助金を出す仕組みであった。事業者の取組みへの補助制度であるが、過去形になるのは、"段位"制度の効果が薄かったからであろう。新規の受付を2021年でストップした。そもそも介護において、囲碁・将棋の段位のように、勝ち負けで段を授与することは適切ではない。

表2の東京都単独事業（都負担10割）を分析すると、介護現場にすべてがよいわけではなく、混然一体化していることが特徴である。

宿舎借り上げは、東京の都市問題への対応として介護労働者が東京で定着していくためには、これからも金額を増やすことが求められるだろう。

一方、BCPのように国の施策の隙間を埋めるような都単独事業の必要性は低い。まして、科学的介護と称して、DXや介護ロボット導入により、介護現場の生産性が向上するという設定は、介護の質についての無理解が露骨にでている。介護の質は、人と人との接触・ふれあい交換から出発するのであり、DXや介護ロボットへの期待は、人手不足を覆い隠す役割を持ってしまいかねない。

東京都が独自に10割財政負担をしていることが、全部プラスではなく、マイナス面もあることを理解して、どこを伸ばしていけばよいのか、精査しなければならない。

▌3. 東京都は令和6年度予算で介護職員へ現金給付事業を開始

東京都は、2023年10月に『介護報酬改訂等に関する緊急提言』（以下、「2023・都介護提言」と略）を出した。介護危機が進行するなか、東京都としても対応が迫られていた。介護問題についての東京都の提言は、初めてではな

い。先行した例としては、2014年9月の「介護報酬改定等に関する緊急提言」等がある。

　今回の「2023・都介護提言」は、5つの提言に収斂させて『介護保険制度のツボ』を突いた。提言先は、第9期介護改訂に取り組んでいる国家（主に・内閣府・厚労省・財務省）に対してである。注目を集めた5つの提言を示しておこう。

　提言1　介護報酬改定について、人件費割合や物件費・土地建物の取得費等の実施の把握・分析を行ったうえで、東京の実態に合わせ、介護報酬へ適切に反映すること。
　提言2　現下の物価高騰の影響も踏まえ、介護事業所・施設が安定的・継続的に事業運営できるよう、介護報酬に適切に反映すること。
　提言3　介護保険施設の居住費・食費の基準費用額について、東京の地価等を反映したものとするとともに、物価高騰の影響についても、適切に反映できる仕組みとすること。
　提言4　介護事業者が介護人材の確保・育成・定着を図り、事業運営を安定的に行うことができる介護報酬とすること。
　提言5　介護支援専門員の安定的な確保を図るため、処遇を改善すること。

　この5つの提言の特徴は、東京の都市問題（高い地価による経営のコスト高・生活費の高さ）を反映した介護報酬改定にすること、物価高騰は介護を直撃しているためにそれを加味した介護報酬改定にすること、そして行政側からの提言としてはじめてとなる介護支援専門員（ケアマネジャー）の処遇改善を強調して提言に入れたことである。

　ケアマネジャー不足が深刻であることの反映ではある。しかし、それを東京都が緊急提言に入れたことは、意義深い提言となった。

　新年度の令和6年予算（2024年予算）において、国に先駆けて、介護事業所を経由してケアワーカーへの現金給付事業を開始する。

〈福祉局〉

〈新〉介護職員・介護支援専門員居住支援特別手当事業

● 国が必要な見直しを講じるまでの間、居住支援特別手当を介護職員等に支給する

● 介護サービス事業所を支援する

手当額：月額1万円（勤続5年目までの介護職員には1万円を加算）

計上した予算額は、284億8800万円である。

2024年度は、7月7日に東京都知事選挙を控えていることもあり、福祉・介護に予算を配分していることを小池知事が自慢したいという推測もある。そのことを政治配慮しても、介護職員に居住手当を国に先行して、都独自に財政出動できる財政力がある、証拠とも言える。

そこで都財政をさらに活用して、介護危機を打開していく課題を次に整理しておく。

▎4. 介護危機打開のための東京都の課題

（1）介護保険料を値下げすることは可能である

介護保険制度において東京都は、区市町村保険者を「支援」することとなっている。そのために「東京都・第9期高齢者保健福祉計画」を策定した。第9期は、区市町村の「高齢福祉・介護保険事業計画」と同じ、2024年から2026年となる。東京都の介護政策には欠落しているが、必要な課題がある。

それは、「介護保険料の値下げ」の検討や可能性についてである。

介護利用が増大すれば、第1号保険者の定率にあわせて保険料を上げて介護保険財政を維持する、というのが大方の介護保険所管の意向である。しかし、介護保険にも基金（貯金）があり、その貯金を使い、一般会計からの介護保険特別会計に繰入額を増加させれば、介護保険料を値下げすることはできる。

図表3は第7期から第8期にかけての23区の保険料の「値上げ・値下げ」一覧である。

値下げをした区、据え置いた区、値上げをした区、と3分類できる。介護サービスの総量は増加傾向であっても、値下げもできれば、据え置くこともできる

のである。

　東京都の介護政策として、区市町村の介護保険料値下げをサポートする補助金の仕組みは、今のところ存在しない。

　区市町村の介護保険料を値下げする財源として、東京都の基金（貯金）の中にある「介護保険財政安定化基金」の応用を考えたい。この介護基金は、保険者が財政で困った時に利子なしで「貸し付ける」ことが、主な役割とされてきた。が、ほとんどの区市町村は、介護保険特別会計に貯金をもっているために、「介護保険財政安定化基金」は、近年使われてこなかった（図表4）。使われない都道府県の「介護保険」の貯金（基金）を国家財政に吸い上げることを財務省は検討している。

図表3：23区第7期から第8期介護保険料（基準額）の「値上げ・値下げ」比較

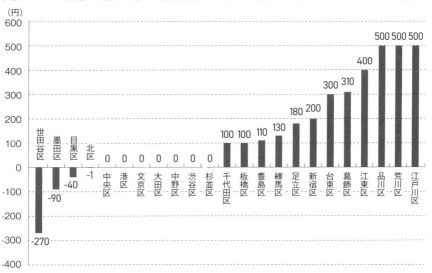

図表4：介護保険財政安定化基金の年次別推移

2019年	2020年	2021年	2022年	2023年
35億6700万円	35億6800万円	35億6800万円	34億9900万円	34億3000万円

東京都として"安定化"の基金の枠を取っ払って区市町村介護財政支援の役割を持つ独自の制度にすることはできる。そして都民の介護保険料負担軽減として、介護保険料の値下げや据え置きのために東京都の貯金活用を検討したい。

（2）東京都の今後の介護政策として３つの課題をあげておく

① 財産差押えをやめさせること（図表5）

厚労省の介護保険事務調査（令和4年度）によれば、全国で43％の自治体が、介護保険料未納対策として「滞納処分」を行っている。差押え決定人数は、1万9667人である。東京都区市町村の実態は、図表5で見ることができる。実施をしていない自治体と財産の差押えをしている自治体がある。

東京都の役割は、財産の差押えをしている区市に対して、その実態を詳細に把握したうえで、過酷ともいえる財産の差押えをやめる政策手段を構築することである。

② 介護福祉専門校の授業料無償化に向けた財政支援と返済なしの奨学金制度の確立

介護福祉専門校の倒産・閉鎖も少なくない。介護職への魅力が減少して、公募が減少しているからである。主にアジア系の外国人の入学生で応募定数を満たす専門校も増えている。パート労働から正規雇用へ身分を安定させるために介護福祉士の資格取得は、有効な手段である。40代から50代のパート・アルバイト雇用形態の人の「働き方改革」として資格を取得して介護現場でケア労働に就くことは、生きがいにもなるだろう。

介護養成の専門校で資格取得について負担ゼロになると「介護ケア労働」への転職の選択肢が増える。年間100万円超の授業料（学校により違う）を高校授業料無償化と同じように東京都が実施することで門戸を大きくすることができる。

さらに生活給補填政策も必要である。奨学金を返済しなくてもよいのは学生だけではなく、介護福祉専門校に通う中年世代・高校卒業生も返済なしの生活補填政策としての奨学金制度が必要である。教育から福祉へと東京都の奨学金制度の拡充は、急務の課題である。

③　国が定めた支給限度基準額を超過した介護利用促進

介護保険制度の支給限度額は、多くの場合ケアマネジャーのケアプランでは支給限度内におさめる目安になっている。はみ出すと自己負担になることを配慮するためである。

支給限度額を超えた部分について、独自の政策として自治体財政で補填することができる。町田市は、支給限度基準額の上乗せ事業として「住宅改修費」を創り出した。

全国でも有名な自治体は、長野県泰阜村である。泰阜村は、「在宅で暮らし続けるために必要なサービスは、介護保険の限度額などにしばられることなく、充分に提供します。必要な方には必要なだけということです」（村のホームページ）としている。

東京都は、介護保険の支給限度額を守る政策を介護利用者や介護事業者に徹底するのではなく、「介護ケアが必要な人には必要なサービス」を受ける介護受療権を確立するように転換していくことが課題である。

そして区市町村の支給限度額超過額については、10分の10都単独介護事業補助制度を創り出すことが、高齢者に必要な介護ケアサービスを提供することになるだろう。

図表5：介護保険制度「財産・差押え」・23区26市の実態

	実施は○	決定実人数	差押え金額
千代田区	—	—	—
中央区	—	—	—
港区	—	—	—
新宿区	○	2	474,764
文京区	—	—	—
台東区	○	23	1,725,238
墨田区	—	—	
江東区	—	—	—
品川区	—	—	—
目黒区	○	2	353,600
大田区	○	6	757,800
世田谷区	○	2	829,644
渋谷区	—	—	—
中野区	○	—	—
杉並区	○	95	6,501,490
豊島区	○	84	7,121,629
北区	—	—	
荒川区	○	93	5,115,625
板橋区	○	6	881,842
練馬区	○	12	2,045,430
足立区	○	173	8,314,145
葛飾区	○	5	599,102
江戸川区	○	20	3,447,151
小　計	14	523	38,167,460

八王子市	―	―	―
立川市	―	―	―
武蔵野市	―	―	―
三鷹市	―	―	―
青梅市	―	―	―
府中市	―	―	―
昭島市	―	―	―
調布市	―	―	―
町田市	○	39	1,497,038
小金井市	―	―	―
小平市	―	―	―
日野市	―	―	―
東村山市	―	―	―
国分寺市	―	―	―
国立市	○	20	1,278,943
福生市	―	―	―
狛江市	―	―	―
東大和市	―	―	―
清瀬市	○	9	324,400
東久留米市	○	55	1,206,736
武蔵村山市	―	―	―
多摩市	―	―	―
稲城市	○	27	979,734
羽村市	○	29	917,599
あきる野市	―	―	―
西東京市	○	46	1,958,900
小　計	7	225	8,163,350
合　計	21	748	46,330,810

注1：「介護保険事務調査（令和4年度）」東京都分を情報公開で入手。
注2：「介護保険事務調査」は、厚労省が各保険者に依頼。都道府県を経由、介護保険計画課計画係に集約。
注3：厚労省の全国集計は、「介護保険最新情報 Vol.8750, 令和2年9月25日」で公表されている。今年度は「介護保険最新情報 Vol.1100, 令和4年9月20日」公表。

日本国憲法と小池都政

1. 憲法第25条・公衆衛生と地方自治──コロナ禍で分かった保健所の大切さ

（1）保健所を削減したままでよいか

① 東京の保健所数の推移

コロナ禍で浮き彫りになったことは、保健所・保健師不足であった。増え続ける陽性者への対応が、保健所だけでは追いつかなくなった。その原因は、保健所数の減少にある（図表1）。

図表1：全国の保健所数の推移

年	保健所数
1990	850
2000	594
2020	469

出典：全国保健所長会。

東京都の多摩・島しょ地域は、1975年に18の保健所があった。それから2004年になると、8か所の保健所しかない。この間、都立保健所は、10も減らされている。一方特別区は、1975年に53の保健所があった。2004年は23保健所となり、各区「一保健所」という体制へと統廃合されてしまった（図表2）。

図表2 東京都の保健所数の推移

年	多摩・島しょ	特別区	計
1975	18	53	71（保健所区移管）
1997	13	39	52（地域保健法施行）
2004	8	23	31

出典：全国保健所長会「東京の保健所のあゆみ」2004年7月。

東京の保健所は、「東京都」と「特別区」と区分する必要がある。「東京都」の保健所は、都立保健所であり、「特別区」の保健所は都立ではなく各区立の保健所になっている。

　② 都道府県行政から移管された保健所
　1975年に特別区の自治権拡充運動によって、1947年に一度だけ行われた区長選挙が復活した。長く直接選挙で区長を選ぶことができなかった特別区は、1975年ようやく区民が選挙で区長を選ぶという自治体直接民主主義を回復した。20年にわたる特別区の自治権拡充運動が結実した。
　この1975年は、保健所も大きな変化を迎えた。東京都立の保健所で23区に存在する保健所は、東京都立から特別区立保健所となり、行政責任は23区それぞれの区へと東京都から移管されたのであった。区長公選復活と保健所区移管は、1975年の自治権運動のトピックとなった。
　都立保健所の区立保健所への移管について現場で賛否両論があった。賛成派は、地域の福祉と連携しながら公衆衛生の広がりを展望していた。反対派は、保健所業務は区市町村ではなく、広域行政が適しており、都道府県行政に留まるべきという意見であった。多摩地域は、すべての市に保健所が設置されていなかったこともあり、賛否の議論は平行線をたどり、結果として東京都立保健所と特別区（各区）立保健所が並存することになった。
　その後保健所の行政責任に変化も起きた。1994年は、「保健所法」が廃止されて「地域保健法」になる。保健所の設立根拠となる法律が消えた。「地域保健法」への改正は、保健所機能の弱体化・縮小化になっていく危険性をもっていた。
　保健所の変化の1つとして都道府県保健所から市への移管促進の影響も出てくる。1975年の特別区保健所の区移管は、地方自治の拡充運動のなかで行われた。しかし「地域保健法」は、地方分権という美名で、国や都道府県の公衆衛生・保健所の運営責任を市レベルに移管することが主たる目的となり、1975年保健所区移管とは大きな差があった。
　その影響は多摩地域で起きた。多摩地域では、八王子市が「保健所政令市」となり、2007（平成19）年4月1日に東京都から八王子市立保健所に移管さ

れた。町田市は、2011（平成23）年4月1日に「保健所政令市」となり、東京都から町田市立保健所へと移管される。「保健所政令市」は、地域保健法（施行令）に存立根拠を持つ。都道府県保健所から、都市規模が大きい市へ保健所の管理を移管するために「地域保健法」で「保健所政令市」を独自につくりだした。

　この「保健所政令市」は、地方自治法の政令指定都市や中核市とは違う。八王子市は、人口増も続き、2015年地方自治法の中核市となる。町田市は依然として普通地方公共団体であり、中核市になっていない。が、保健所は東京都から町田市へ移管された。中核市になると都道府県行政の一部分を受託することができる。自治体として、普通の市よりも「格」が上がったと当該中核市は、自慢しがちであるが、都道府県からすれば「行政の身軽論（財政コスト削減）」でしかない。

　東京都立の保健所は、現在、「西多摩保健所」「南多摩保健所」「多摩立川保健所」「多摩府中保健所」「多摩小平保健所」が多摩地域の5つの保健所になる。そして島しょ地域に「島しょ保健所」があり、合計6つの都立保健所体制になっている。島しょ地域は、6つの保健所出張所・支所がある。

　全国の保健所は、「地域保健法」ができる前の1990年は850保健所を数えた。2020年は、469保健所へ激減してしまう。東京都は、1975年71保健所が、2004年は31保健所と激減し、全国と同じ傾向である。保健所減少の中で、コロナクライシスは発生したのであった。

　③　保健所は公衆衛生の拠点施設
　公衆衛生は、憲法第25条の2において「国は、すべての生活部面について、社会福祉、社会保障及び公衆衛生の向上及び増進に努めなければならない。」と明文化されている。公衆衛生の向上と増進は、国家の義務として規定されている。
　しかし、1990年代は、憲法第25条の生存権が脅かされて、生活保護受給認定の抑制、国民健康保険の見直しによる保険料（税）高騰、介護保険制度創設準備期となった。そして、保健所は1994年「地域保健法」により、保健所法が解体された。公衆衛生の拠点施設である保健所が縮小再編されているなかで、パンデミックに遭遇した。

コロナウイルスの感染によって、都市機能・教育機能はマヒをして、企業活動も自粛に追い込まれた。次々と陽性者が増えていった。コロナ対応の最前線行政は、保健所。保健所も保健師も減少したなかで、保健所現場は感染症対応へ最大限の努力をし続けた。

　保健所の姿は、リアルな映画になった。中野区保健所に宮崎信恵映画監督が取材に入った。2021年10月完成した『終わりの見えない闘い――新型コロナウイルス感染症と保健所』は、自主上映運動がはじまり、陽性の受付確認、重症者の対応、自宅待機者のフォローまで、保健所で働く保健師達のリアルな姿が映像から流れた。映画のリアリティは、影響力を持った。それをみた観客者は、保健所の健康・感染症対策の役割、そこで働いている保健師の重要さに気がつき、保健所についての理解は深まっていく。世論は動いて保健所・保健師への期待と尊敬の眼差しへと変化していった。

　保健所の強化について、総務省の変化も出てきた。方針が変わったのは、保健師不足を補うことに関してである。各自治体が予算編成で参考にする『令和5年度の地方財政の見通し・予算編成上の留意事項等について』（総務省自治財政局財政課、2023年1月23日）では、次のように保健師増員対策が打ち出されている。

　「次の感染症危機に備えた『感染症の予防及び感染症の患者に対する医療に関する法律（平成10年法律第114号。以下『感染症法』という。）等の改正等を踏まえ、保健所等の恒常的な人員体制強化を図るため、保健所において感染症対応業務に従事する保健師約450名（令和4年度約2700名、令和5年度約3150名）、保健所及び地方衛生研究所の職員それぞれ約150名増員できるよう、地方財政計画に必要な職員数を計上するとともに、地方交付税措置について、道府県の標準団体で感染症対応業務に従事する保健師6名、保健所及び地方衛生研究所の職員それぞれ2名を増員することとしている。」

　総務省は、保健師増員には一歩踏み出した。東京でも保健師が増えた情報が伝わってきた。が、保健所増設には踏み出していない。

④　東京都の保健所政策は、「効率的保健所」
　一方東京都は、コロナ対応について『新型コロナウイルス感染症対策に係る

東京都の取組』（2023年6月2日改訂版）を発表した。そこでは3年以上にわたる新型コロナウイルス感染症との取組について、第1波から第8波までを東京都は振り返った。

　このコロナ対応文書において「保健所機能の強化」として次のことが総括されている。

　○　保健所支援拠点の設置・業務の民間委託
　○　入院調整本部の設置で保健所業務支援
　○　デジタル技術活用で都保健所業務の効率化

　この総括視点は、保健所を増やすことでもなく、保健師を増員することでもなく、業務の民営化やデジタル化による効率的保健所像を目指している。

　東京都は、さらに保健所に絞って『感染症対応を踏まえた都保健所のあり方検討会報告書』（2023年8月）を発表した。ここでも、感染症有事に臨機応援に対応できる職員体制確保、保健所コア業務の明確化、業務のデジタル化が強調されていて、効率的保健所像でしかない。

　コロナショックを体験したあとの東京都保健所政策は、現行の保健所を維持するだけで、デジタル化も活用しながら効率的な保健所業務へと転換していくことになっている。

　保健師を増やすことも、減少した保健所を回復することも東京都保健所政策には、存在しない。

（2）保健所の財政問題──国庫負担がゼロでよいのか

　保健所の財政分析を行うと、国の負担が少ないことが問題であることがわかる。

　東京都の保健所費の推移を分析すると、1980年代の国庫負担は保健所運営の13％をしめていた。図表3のように2000年には2％弱の負担へと激減していく。このように東京都立保健所の財政負担について、国庫負担の金額が減らされていくことが分かった。

　国の負担が減っていくと東京都は、独自の財源負担が増えることになり、石原都政は保健所への一般会計からの拠出金を削減するために、保健所の数を減らしてきた。

　特別区保健所の財源はどうなっているか。2022年の普通会計分析（地方財

政状況調査表）を使って、文京区の保健所の財源分析を行った。図表4は、財源構成比を示している。

保健所の運営費について、国庫支出金はゼロである。東京都支出金もゼロで

図表3：「東京都保健所」財政負担の推移（都と国庫比較表）

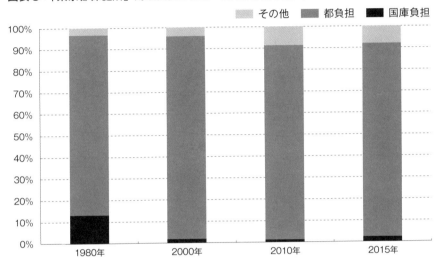

図表4：文京区・保健所の財源分析（2022年決算、単位：千円）

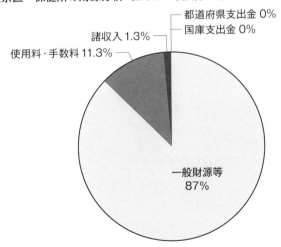

ある。区財政から一般財源として、87％。保健所を利用した時に住民が負担する使用料・手数料は、11％。こうした保健所の財政負担割合は、文京区だけのことではない。国庫支出金・ゼロ区も少なくない。国庫支出金があったとしても少ない金額に留まる。

公衆衛生の拠点としての保健所機能があることは、世論が一致するであろう。公衆衛生の費用について、国庫支出金が保健所限定になる特定財源（一般財源と区分される）として位置づいていない。地方交付税や都区財政調整交付金に保健所経費を計上していると総務省や東京都は説明する。しかし、地方交付税や都区財政調整交付金は、一般財源であり、保健所に充当されるかどうかは、自治体の裁量範囲となっている。

従って、保健所の財政を改革するには、保健所への国庫支出を行うこと、加えて、保健所運営に充当するための特定財源として補助金を交付することが、最低のルール改革となる。

パンデミックの中で保健所財政分析の必要性を自覚したのだが、保健所財政分析を開始した時、自治体の「持ち出し」で運営されていること、国庫支出金ゼロは、想定外のことだった。もっと早く公衆衛生と保健所の行財政分析を着手すべきであったと反省させられた。

憲法第25条の2は、社会福祉・社会保障と並んで、公衆衛生が明記されている。基本的人権の条文には、国家による財政責任も含まれる。児童福祉にしろ、老人福祉にしろ、国民健康保険にしろ、国庫支出金の義務化は、行われている。

しかし、保健所に対しては、国庫負担義務がないに等しい。こうした国の保健所への財政負担の少なさは、憲法第25の2に違反しているのではないか。保健所財政問題の結論は、憲法第25条に違反しているということである。

（3）東京都は、国庫支出を求めるべき

日野市では、日野市に東京都保健所を復活させようと市民運動が起きている。また武蔵野（元）市長の松下玲子氏は、コロナ禍で市政が困ったこととして「保健所が地元にないこと」を明言している。

東京都は多摩・島しょ地域の都立保健所の復活と保健師増員に踏み出すこと

が、感染症対策だけではなく、保健所がカバーする都民の健康づくりにも寄与することを再認識すべきである。

　保健所の運営について、国家には財政責任を果たす課題がある。これまで指摘が不充分だった。例えば、保健所費の25％は、国が最低基準として負担する（一般会計の特定財源）ことなどの指標を検討していく必要性がある。

　小池都政は、保健所財政の課題を明確にして、基本的人権を定めた憲法第25条違反であることについて、国に対して国庫支出金の負担を求めていくべきである。

▍2. 憲法第9条と地方自治――地方自治法改正「指示権」導入は戦時体制準備

(1) オスプレイ配備の横田米軍基地は、発ガン物質PFASが周辺地下水から検出

　オスプレイが予定より1年早く横田基地に配備されたのは、2018年4月のことだった。オスプレイの事故は、頻発している。最近の事故は、2023年11月29日に起きた鹿児島県屋久島沖の墜落である。米兵の死者は、8人。過去のオスプレイ事故のなかでは、最悪の死者を出した。オスプレイの事故は、2016年・沖縄県名護市海岸に不時着を試みて大破した等、例をあげればきりがない。

　2018年に横田基地にオスプレイが飛来した時、事前相談もない米軍の特殊部隊常設配置について、小池知事・福生市長・立川市長達（「横田基地に関する東京都と周辺市町連絡協議会」発）は、国に対して「横田基地へのCV-22オスプレイの配備について（要請）」（2018年6月4日）を発出した。

　そこで明らかにされたことは、「2018年4月3日、在日米軍は、横田基地へのCV-22オスプレイの配備に関し、2020年米会計年度としていた予定を1年以上前倒しし、今年の夏頃配備すると発表した」、そして「突然の配備前倒しの発表や度重なる飛来により、基地周辺住民の不安が広がっている」と指摘している。国へ要請という形式ではあるが、横田基地関係首長が声をあげたことは、米軍の独断と専横ぶりが目立ったからであった。

　地元自治体は、国と米軍に対しオスプレイ配備について声をあげたものの、オスプレイの配備を止めることができなかった。周辺住民は今もホバリングの時は騒音で家族の会話はできず、テレビもヘッドホンなしでは見られない、風圧で基地から小石が飛んでくることもある、と実態を告発している。

2023年11月29日の屋久島沖で起きたオスプレイの事故機は、横田基地に配備されていたものである。この事故原因が不明なために、米軍は世界中のオスプレイの飛行を一時中断した。これほど危険な空飛ぶ兵器が、横田米軍基地に常駐して、東京の空で実験をくり返しているのである。

　それに加えて、横田基地周辺から、発ガン性の高いとされるPFAS（有機フッ素化合物）が井戸水から検出された。基地公害は解消されるどころか、PFASの発生源として横田基地の危険性の高さが、専門家から指摘されている。検出されたPFASは、都内最高濃度と分析する専門家の指摘もある。

　横田基地が撤去されなければ、周辺の住民の不安と健康への心配は消えることはない。小池知事は、「横田基地に関する東京都と周辺市町連絡協議会」の会長として、横田基地の国外撤去を求める立場で米国や防衛庁と交渉・対決をしなければならない。最初に、オスプレイの配備を止めよと明確な政治姿勢を示すことから、はじめるべきであろう。

（2）地方自治法改正「指示権」導入は戦時体制準備

　岸田政権は、2022年12月に安保3文書を閣議決定した。2023年国家当初予算では、「防衛費・6兆7880億円」となり、「防衛費」が、「公共事業費（6兆600億円）」や「教育費（5兆4158億円）」を上回るという前代未聞の防衛費増額となった。

　2023年度には、「防衛費」以外にも、一般会計予算科目として「防衛力強化資金」を新設した。この「防衛力強化資金」の根拠となる「防衛財源確保法（略称）」は、予算が通過した後、2023年6月16日、参議院を通過した。法的根拠が不存在であるにも関わらず、国家当初予算に新科目として「防衛力強化資金」を計上することは、予算編成過程の手続き上においても透明性を欠如している。

　さらに後追いで成立した「防衛財源確保法（略称）」の「第3章」では、国と自治体の公的医療機関から防衛財源を納入させる条文が明記されている。「独立行政法人国立病院機構」（旧・国立病院）と「独立行政法人地域医療機能推進機構」（旧・自治体病院）から、国庫への納入する義務である。「防衛力強化資金」に国立病院と自治体病院から、強制的に財政負担をさせる仕掛けと解

読できる。「防衛財源確保法（略称）」の一番の狙いは「防衛力強化資金」の法的根拠づくりである。そのために公的医療機関の医療費が、軍事費に転用されることが明文化された。

　新設科目「防衛力強化資金」の予算額は、3兆3806億円である。「防衛費」と「防衛力強化資金」を加えた「軍事費」総額は、10兆円規模となり、国の一般会計当初予算・114兆円の約10％をしめるに至った。

　戦後、最大規模の軍事予算である。巷間言われている2023〜27年の5年間で43兆円の防衛費確保は、国債発行なども含めてであろう。が、予算を先に成立させて、事後的に法律を策定する手法が恒常化すると、その金額は50兆円にも60兆円にも膨らむ危険性がある。

　戦争をするためには、戦時体制樹立には協力する自治体づくりが、必要となる。軍事国家に従属する自治体を創り出すために、地方自治を改変する動きが、浮上してきた。

　地方自治の方向性を示す役割を持つ「地方制度調査会」は、自治体合併や財政の三位一体などで、自治を発展させる立場とは異なる答申を度々出してきた。現在は、第33次地方制度調査会が活動している。そして「第33次地方制度調査会」は、2023年12月21日に「ポストコロナの経済社会に対応する地方制度のあり方に関する答申」を岸田総理大臣に手渡した。

　この公式「33地制調答申」の狙いは、表向きは自治体のデジタル改革になっている。が、答申案の解釈が変容・悪用されようとしている。国家権力に新しく「指示権」を与えることが、「第33次地方制度調査会」答申という政府サイドからの、いわばキャンペーンとして繰り広げられている。

　2023年12月21日の公式答申が、出てくる前の「素案段階」から、多くのマスコミは、地方自治法改正による「指示権」導入について、次のような指摘をしていた。

　○朝日新聞社説のタイトル「国の指示権拡充　自治への介入を危惧」（2023年11月27日）
　○日本経済新聞は、12月1日の社説で次のように書いている。
　「新型コロナウイスル禍のような危機事には、個別分野の法律に国の権限が

規定されていなくても、国が役割を果たすため自治体に関与できるようにする。首相の諮問機関、地方制度調査会は、地方自治法にこうした国の『指示権』を創設する答申案をまとめた。

（中略）

　憲法に地方自治を明記したのは、地方の自主性が高まれば国を挙げた戦争などに向かいにくいとされたためだ。憲法の理念も踏まえ、今回の指示権創設を国と地方のあり方を考える契機にしたい。」

（3）地方自治法の改悪の動きと平和憲法

　地方自治法の改悪プロセスが、進んでいる。地方自治の本旨は、「住民福祉の増進」（地方自治法第1条の2）と規定されていて、住民自治と団体自治が地方自治権と理解されている。言うまでもないことだろうが、明治憲法には地方自治の条文は存在せず、日本国憲法で地方自治について、明文化された。それは、憲法第9条の平和国家づくりと地方自治の条文化は、不可分の関係であるからである。戦争遂行のために地方自治が憲法に明文化されたのではない。

　しかし戦争をできる国へと日本国憲法の第9条改正を狙いとした改憲派は、国民投票に持ち込もうとして、国会の憲法審査会の議論を前倒しにしている。岸田首相も2024年の所信表明で改憲を目指すことを言い続けている。

　この改憲と同一線上にあるのが、地方自治法改正による国家の「指示権」創設だ。自然災害について国家の「指示権」が必要である論調は、能登災害でもでてきている。

　全国知事会の村井会長（宮城県知事）達は、2024年1月23日、総務大臣と面談して「地方自治法の指示権は、特例と位置づけて行使は最小限にする」ことを要請した。条件付き賛成のようにも見える全国知事会の行動ではあるが、2024年の通常国会に地方自治法改正が上程される直前の段階ですら、地方自治への危険性も察知していることは間違いない。岸田政権は、2024年3月1日に「指示権」を入れる地方自治法の一部改正案を閣議決定した。そして衆議院へと閣法として法案の審議が開始されている。

　こうした軍事国家へ従属する自治体づくりの地方自治法改正に対して、日本弁護士会は、反対の立場を明確にしている。日弁連は、1月18日「第33次地

方制度調査会の『ポストコロナの経済社会に対応する地方制度のあり方に関する答申』における大規模な災害等への事態への対応に関する制度の創設に反対する意見書」を公表して、世論の喚起を促した。

この日弁連の地方自治法改正「指示権」導入反対の立場は、コロナにせよ、災害時にせよ、個別の法律で国家の役割を規定することができるにもかかわらず、2000年地方分権改革において「自治事務」原則としてきた経緯をも踏みにじることとになる、と警告している。さらに自治体の基本法である地方自治法に一般原則として、国家介入としての「指示権」を明文化することは、自治体の団体自治の違反でもある。自治体存続の「変質」につながる危険性を、日弁連意見書は警鐘を鳴らしている。

そして3月13日、日弁連会長・小林元治氏により「地方自治法改正案に反対する会長声明」を出した。「……現行法では国の地方公共団体への『指示』は、個別法で『緊急性』を要件として認められているのに対し、一般法たる地方自治法を改正して、自治事務についても、個別法の根拠なしに、かつ『緊急性』の要件も外して、曖昧な要件のもとに国の指示権を一般的に認めようとする点で、地方分権の趣旨や憲法の地方自治の本旨に照らし極めて問題があるものである。」と憲法問題も含むことに言及している。

今回の地方自治法改正は、日本国憲法の地方自治の規定にまで抵触する危険性がある。

小池氏は、改憲派であった。小池知事は、かつて国会議員の時、防衛庁長官を担ったことがある。「指示権」導入の地方自治法改正に賛成なのか、反対なのか、問われている。

2023年11月6日、東京都と練馬区などにより、練馬駅でミサイル避難訓練が行われた。2024年1月15日、中野区で自衛隊も出動したミサイル避難訓練が行われた。辺野古基地建設は、国による代執行で沖縄の地方自治を蹂躙しているが、強権的な戦争できる国家づくりは、沖縄だけではなく、東京でもミサイル避難訓練が次々と行われている。

明日にでもミサイルが飛んでくるかのような訓練を許してよいのだろうか。ミサイル訓練調査費が、東京都令和6年当初予算に新しく計上された。

「防災対策の強化（新）

（1）より安全に避難できる施設の整備

弾道ミサイル攻撃から都民の生命と財産を守るため、モデル事業の実施に向け準備を進めるとともに、技術的調査を実施　1億6500万円」

　小池都政は、ミサイル避難訓練を止めるどころか、2024年予算において新しく事業を促進していこうとしている。地方自治法も危うい、小池都政も危うい。自治体を福祉の拠点ではなく、自治体を戦時体制準備に巻き込んでいく路線を本格化させようとしているのではないだろうか。

　私たちは、日本国憲法で規定された地方自治を守り発展させて、東京都が平和の砦たる自治体となることを望んでいる。憲法第9条を守り抜き、地方自治を平和と福祉・教育・雇用行政の頑丈な砦として築き上げる必要性は、今日ほど強く求められている時はない。

●執筆者紹介

安達智則 （CHAPTER1、CHAPTER 9、CHAPTER 10、EPILOGUE）

東京自治問題研究所主任研究員、健和会医療福祉調査室室長。編著『どんな東京をつくるのか』（萌文社、2003年）、『介護の質「2050年問題」への挑戦』（クリエイツかもがわ、2012年）、『都民とともに問う、都立病院の「民営化」～狙われる地方独立行政法人化』（かもがわ出版、2019年）など。

梶 哲宏 （CHAPTER 5）

全労連・全国一般東京地本書記長、「労働者と研究者の経済・企業・労働と賃金に関する共同研究会（労研）」代表世話人。山口大学経済学部卒。共著『全国一律最低賃金制を軸としたナショナル・ミニマム』（ディノプリント出版会、2003年）、『ファンド規制と労働組合』（新日本出版社、2013年）、など。

鈴木享子 （CHAPTER 7、CHAPTER 8）

元首都大学東京健康福祉学部准教授、ドゥーラ教育協議会理事、助産師。東京大学医学部付属看護・助産婦学校卒。北里大学看護学研究科後期博士課程満期退学。「いのちの始まりから考える子どものしあわせ」（『こどものしあわせ』、日本こどもを守る会編集発行、2019年5月～2020年3月）。

野中郁江 （PROLOGUE、CHAPTER 2、CHAPTER 3、CHAPTER 4）

明治大学名誉教授、東京高等教育研究所事務局長。東京教育大学文学部、明治大学大学院商学研究科を経て、明治大学商学部専任教員（1997年4月～2022年3月）。商学博士。単著『私立大学の財政分析ハンドブック』（大月書店、2020年）、共編著『図説 企業の論点』（旬報社、2021年）など。

山﨑真理子 （CHAPTER 6）

東京地区私立大学教職員組合連合（東京私大教連）書記次長。東京高等教育研究所事務局次長。明治大学商学部卒、明治大学大学院商学研究科博士後期課程修了、商学博士。大月市立大月短期大学非常勤講師（2010年4月～2014年3月）、明治大学商学部非常勤講師（2012年4月～2014年3月）。

ゆたかな財政の活用で取り戻そう！私たちの東京

2024年4月30日　初版第1刷発行

編 著 者	安達智則・鈴木享子・野中郁江
デザイン	河田 純・天川真都（ネオプラン）
発 行 者	木内洋育
発 行 所	株式会社旬報社
	〒162-0041　東京都新宿区早稲田鶴巻町544
	Tel. 03-5579-8973　Fax. 03-5579-8975
	ホームページ https://www.junposha.com/
印刷・製本	精文堂印刷株式会社